Cristiana Xavier de Brito

MULHER ALFA
liderança que inspira

LETRAMENTO

Copyright © 2018 by Editora Letramento

Diretor Editorial | **Gustavo Abreu**
Diretor Administrativo | **Júnior Gaudereto**
Diretor Financeiro | **Cláudio Macedo**
Logística | **Vinícius Santiago**
Assistente Editorial | **Laura Brand**
Preparação e Revisão | **Lorena Camilo**
Capa, Projeto Gráfico e Diagramação | **Luís Otávio**
Aquarela s/ papel – 2018 | **Ana Michaelis**
Crédito das Fotos
Ana Couto | **Andre Hawk**
Mara Gabrilli | **Alexssandro Loyola / PSDB na Câmara**
Patrícia Santos | **Rodrigo Fernandes**
Ana Fontes, Ana Michaelis, Cristiana Xavier de Brito,
Cristina Palmaka, Gisela Pinheiro, Márcia Rocha,
Teka Vendramini, Valéria Scarance | **Rodrigo Portela**

Todos os direitos reservados.
Não é permitida a reprodução desta obra sem
aprovação do Grupo Editorial Letramento.

Referência para citação
BRITO, C.X.de. Mulher Alfa: liderança que inspira.
Belo Horizonte-MG: Letramento: Alpha Business, 2018.

Dados Internacionais de Catalogação na Publicação (CIP)
Bibliotecária Juliana Farias Motta CRB7- 5880

B862m
Brito, Cristiana Xavier de
Mulher Alfa: liderança que inspira / Cristiana Xavier de Brito. –
Belo Horizonte-MG: Letramento: Alpha Business, 2018.
164 p.: 23 cm.
ISBN: 978-85-9530-064-4
1. Mulher brasileira. 2. Sucesso profissional. I. Título: liderança que inspira
CDD 305.4

Belo Horizonte - MG
Rua Magnólia, 1086
Bairro Caiçara
CEP 30770-020
Fone 31 3327-5771
contato@editoraletramento.com.br
grupoeditorialletramento.com.br
casadodireito.com

Aos meus pais, Anna Christina e Augusto Paulo, que são fonte de apoio e inspiração; ao meu marido, Roberto, por seu amor e parceria incondicional; e ao meu filho, João Paulo, por representar as futuras gerações que exigem e precisam de diversidade para inovar e transformar o mundo em um lugar melhor para todos.

AGRADECIMENTOS

Minha imensa gratidão a Tatiane R. Lima e a Rodrigo Fernandes, que participaram intensamente dessa obra.

À Marilia Rocha, Marta Lenci, Paula Jacomo Martins, Valéria Brandini, Jürgen Paulus e Lino Nader, por sua sabedoria em esclarecer a evolução da liderança feminina.

Às Mulheres Alfa Ana Couto, Ana Fontes, Ana Michaelis, Cristina Palmaka, Gisela Pinheiro, Mara Gabrilli, Márcia Rocha, Patrícia Santos, Teka Vendramini e Valéria Scarance, por abrirem seus corações e mentes.

À Larissa Lino, Laetitia d'Hanens e ao Rodrigo Portela, pelo apoio na realização desse projeto.

Ao Gustavo Abreu, editor do Grupo Editorial Letramento, por acreditar no livro.

Aos meus irmãos, Pedro, Ana e Rita, pela eterna parceria.

Aos homens que sempre me ajudaram a abrir espaços na minha trajetória profissional e me incentivaram a ir além, e a todas as mulheres – em especial, Marcia Barretto – que me inspiram a ser, independente do gênero, uma pessoa que acredita em si.

Sumário

11 Prefácio
15 Companheira, parceira, cúmplice Alfa
19 Cristiana Xavier de Brito
29 A brasileira
35 Perfil
51 Ana Couto
59 Ana Fontes
69 Ana Michaelis
77 Cristina Palmaka
85 Gisela Pinheiro
93 Mara Gabrilli
101 Márcia Rocha
111 Patrícia Santos
121 Teka Vendramini
131 Valéria Scarance
141 Reflexão
145 Inspiração
147 Para ler
153 Para assistir
157 Para acompanhar
159 Referências

PREFÁCIO

Eis que nossa competente Cris resolveu escrever seu livro e dividir um tanto de suas recorrentes reflexões com o distinto público.

Faz tempo conversamos que, em função desta realidade onde os ambientes se integram criando um esmaecimento entre o trabalho e a vida pessoal, novas abordagens são necessárias. E espiar quem já vive tal desafio, é um atalho valioso.

Noto cada vez mais que números explicam menos uma companhia. Vejo nos modelos de negócios, no esforço em busca de alinhamento, no planejamento estratégico e na atenção ao fator humano os pontos de maior desafio nas corporações. Respeito cada vez mais aquelas que buscam o equilíbrio correto entre seus ativos tangíveis e intangíveis.

O futuro já não é o que costumava ser, como disse Arthur Clarke: "Onde quer que estejamos indo, está sendo rápido, e acredito que o mundo vai se reinventar". Pois é, Cris navega por aí na sua avaliação inicial dos desafios de sua área e no mergulho humanista de suas perguntas as suas parceiras-alfas, mais que bem escolhidas.

Não desperdicemos esta soma de experiências valiosas, agradeçamos a ela por extrair o que é relevante. Colhamos as pérolas neste oportuno livro.

Horacio Lafer Piva

COMPANHEIRA, PARCEIRA, CÚMPLICE ALFA

Diante do desafio de escrever uma apresentação para o primeiro livro de minha mulher, pensei até em dar uma desculpa e passar. Mas sabia que, casado com uma Alfa, como eu mesmo nominei o livro a pedido dela, era impossível recusar o convite sem ter uma razão muito convincente. Cedi, com prazer.

Conheci Cristiana em Miami em 1997, logo depois de me mudar para os EUA encarando um desafio profissional. Ela fora morar no México, também sozinha, e me foi apresentada por amigos em comum. Em um momento sentimental frágil para ambos os lados, ela saída de um divórcio conturbado e eu de uma viuvez precoce, começamos um relacionamento intenso e muito verdadeiro.

Dois anos e meio depois de movimentada "ponte aérea" Miami – Cidade do México, decidi que era hora de retornar ao Brasil. Ela ainda ficou seis meses por lá, mas também voltou a Sampa para morarmos definitivamente juntos, perto de nossos pais, que já precisavam de mais atenção.

Juntos planejamos nossas carreiras e uma família linda, que se consolidou com a chegada do nosso filho João Paulo em 2003.

A grande ascensão profissional de Cristiana aconteceu naturalmente. Em poucos anos ela tornou-se diretora de empresa multinacional. Já a minha carreira não se expandiu como planejado. Chegava então o momento de decidir o melhor caminho para a família. Nem fácil, nem muito complicado. Optamos por ela deslanchar de vez e eu assumir uma função mais no *backstage*, cuidando da casa, das coisas práticas do filho e dos pais e fazendo meu trabalho como *freelancer* de redação publicitária em casa mesmo.

Sábia decisão! Hoje, estamos em harmonia completa, felizes, realizados, sem problemas impossíveis de solucionar e com a certeza plena de que fizemos a escolha certa.

Por tudo isso, aceitei estar aqui. Senti que era preciso dar meu testemunho e dizer aos que se relacionam intimamente com Mulheres Alfa que, se não é o mais tranquilo dos mundos, é bastante dinâmico, divertido e emocionante. Deixei de ser machão para virar macho de verdade!

Queria também contar às mulheres, que sabem de sua condição Alfa, que podem e devem exercer essa liderança plenamente. Seus parceiros, como eu, logo perceberão que estão ao lado de companheiras sensacionais, verdadeiras cúmplices, prontas para serem muito, mas muito bem-amadas.

Roberto Bandeira

XAVIER DE BRITO

CRISTIANA

O que eu vim fazer aqui?

Essa foi a primeira frase que pensei ao pisar, pela primeira vez, naquela sala espaçosa, dividida por uma larga mesa ao centro. São poucos os momentos em que me dou conta de que faço parte das estatísticas. Eu integro um grupo pequeno de mulheres que representa 13,6% do quadro executivo das 500 maiores empresas do Brasil, pois sou diretora de uma multinacional e componho um grupo formado, na época, por outros sete membros – todos homens.

Este pensamento surgiu no meu primeiro dia de trabalho, em um setor completamente novo para mim. Estava, sim, em condições de desigualdade – não por ser a única mulher, mas por ser a menos preparada naquele ambiente. Tinha experiência em outros setores de Economia, com propósitos e dinâmicas completamente diferentes.

Eu me formei em Publicidade na década de 80 e, embora tenha passado por agências, meu objetivo sempre foi crescer em uma grande companhia. Inspirada pelo meu pai, que chegou à presidência de uma multinacional e permaneceu na posição por 22 anos, além de mais oito anos no Conselho de Administração. Eu imaginava que nas grandes organizações eu poderia gerar ações que causariam mais impacto.

Ingressei na indústria de tecnologia ainda jovem e, ao longo de quase dez anos, tive a oportunidade de aprender e desenvolver minha capacidade de gestão. Foi nela que também tive minha primeira experiência internacional, quando aceitei um desafio no México, onde morei por três anos, com a missão de desenvolver a Comunicação de Marketing para os oito principais países da América Latina.

Quando troquei o setor de Tecnologia pelo de Papel & Celulose, fui movida pela oportunidade de desenvolver e implementar planos de comunicação e responsabilidade social para quatro unidades de negócios e dezoito plantas industriais. Aprendi muito ao trabalhar em uma companhia nacional, que é referência global no seu setor. Na escalada corporativa, alcancei uma posição mais próxima das decisões, uma vez que passei a responder, nos últimos três anos, diretamente para o presidente. Nessa jornada, vi a diversidade ganhando cada vez mais importância na minha carreira e nas organizações. Como executiva de responsabilidade social, e depois sustentabilidade, sempre fez parte do meu trabalho participar, interagir e contribuir com organizações não-governamentais, associações e governos municipais, estaduais e federal. Entendo que essa troca é fundamental para a evolução das empresas, que se fortalecem como um relevante ator da sociedade e do sistema do qual fazem parte.

Após quase cinco anos, o dinamismo da indústria de tecnologia me atraiu novamente para uma multinacional de *softwares*, onde assumi meu primeiro cargo de diretoria. Como 50% dos membros eram mulheres, vivi as vantagens da diversidade diariamente. A multiplicidade de olhares e a capacidade de diálogo incrementavam tanto a inovação de produtos e serviços quanto a experiência de funcionários, clientes e fornecedores. A troca entre seres humanos alimentava relacionamentos e máquinas, literalmente. E foi desse ambiente que eu saí, quatro anos depois, para ser a primeira mulher no Comitê Executivo de uma indústria química global, onde assumi a missão de dirigir a área de relações institucionais e sustentabilidade, em um momento de grande expansão da companhia na América do Sul.

Ao entrar naquela sala de reunião, eu tinha motivos para sentir frio na barriga, mas logo me convenci de que era efeito do ar condicionado, cuja temperatura, em qualquer lugar, é mais compatível com quem usa terno e não saia. A resposta chegou-me tão rápido quanto a pergunta: *Eu vim ser eu mesma*.

Foi por isso que eu fui contratada. Foi isso que me trouxe até aqui. O que fiz naquele dia eu repito desde então: sentei-me do lado direito do presidente, um local que considero estratégico para quem quer discutir, colaborar e fazer a diferença no futuro da empresa.

Minhas raízes

Essa confiança e determinação eu aprendi dentro de casa, pois cresci cercada de mulheres fortes. A principal delas é minha mãe que nasceu em Minas e morou no Rio de Janeiro, onde formou-se professora. Ao se casar, escolheu acompanhar o marido engenheiro, cuja carreira na indústria siderúrgica levou-os a diferentes cidades. E eu não estou exagerando, meu irmão mais velho nasceu em Volta Redonda; minha irmã veio ao mundo, dois anos depois, no Rio; após quatro anos, eu nasci em Santos; e a nossa caçula paulistana chegou para completar a família quinze anos mais tarde.

Minha mãe sempre foi uma mulher com uma força intelectual ímpar, capaz de nutrir diferentes personalidades e gerenciar os mais diversos recursos para suprir nossas necessidades e manter uma convivência social inspiradora. Carismática, ela sempre foi adorada e ainda se mantém rodeada de pessoas. Teve como exemplos outras grandes líderes: minha avó materna, que deslocou cinco filhos do interior de Minas Gerais para o Rio de Janeiro; a paterna, que era dez anos mais velha que meu avô; e as irmãs dela – em especial, minha madrinha, que também acompanha meus passos e segue como uma grande influência em minha vida.

Minha mãe foi dona de casa até os filhos crescerem. Trocou, então, o sonho de se tornar advogada criminalista pelo de empreendedora. Além de cuidar da família e de ter uma vida social intensa, fundou uma confecção em São Paulo, que contribuiu para a subsistência de algumas famílias por mais de quinze anos. Diante disso, eu aprendi cedo a me adaptar a novos ambientes e a me relacionar com pessoas de diferentes raízes, culturas e identidades. Sempre tive um grupo de amigos ecléticos e abertos às minhas ideias. Aos dezoito anos, por exemplo, convenci uma amiga a embarcar comigo no Trem da Morte, que saía de Puerto Quijarro, na fronteira com o Mato Grosso do Sul, para Santa Cruz de la Sierra, na Bolívia. Alguns anos antes disso, eu exercitei minha liderança ao fundar um clube de meninas. Dediquei-me tanto à tarefa que quase passei a morar na casa da vizinha, onde funcionava a sede.

Foi meu pai quem instigou em mim a curiosidade, disciplina e zelo. Eu não precisava ser a melhor aluna da sala, mas dar o meu melhor. Carrego isso comigo até hoje, prezando pela qualidade em toda e qualquer entrega. A genética assegurou que, tendo um pouco de cada um, eu me tornasse obcecada por fazer e construir, sempre respeitando e integrando quem está ao meu lado. Respaldada pelas minhas raízes, eu nunca fiquei paralisada pelas adversidades que encontrei ao longo da minha carreira e da minha vida. Sempre fui tomada por uma capacidade que considero tipicamente feminina: *a de se reinventar*. Foi isso que minha mãe, minhas tias e minhas avós fizeram lá atrás, diante dos seus desafios. Foi isso que me fez reciclar conhecimento, aperfeiçoar habilidades e tirar o melhor de cada situação em cada desafio profissional, sempre com o apoio da minha família e de pessoas de confiança.

Por essa razão, não ache estranho se menciono donas de casa como referências de liderança feminina. Essa palavra está tão banalizada que seu significado é mal compreendido. Ela não é só sinônimo de chefia, nem deve ser confundida com poder e dinheiro. Liderança é muito mais que isso.

Você quer ser líder?

Um caso que me marcou foi o dilema que vivia uma jovem profissional que conheci, com um talento único e com clara facilidade para envolver pessoas por um propósito em comum. Ela me contou que estava disposta a abdicar do seu desenvolvimento profissional para apostar na carreira do marido. Esse não era um desejo dela, nem uma determinação do parceiro. Ela nem sequer tinha discutido o assunto com ele ou cogitado a pressão a que o submetia com aquela escolha. Pesava nas costas dela o destino das gerações anteriores, que se dedicavam exclusivamente à casa e à família. Essa era a realidade que ela conhecia e construir uma nova gerava uma insegurança enorme.

Essa profissional não é um caso isolado. A liderança pode se tornar um sonho ou um pesadelo. A equação vida familiar *versus* a profissional é somente um dos dilemas que tiram o sono das mulheres e minam seu futuro. Elas também refletem sobre promoções, independência financeira e realização pessoal, e sentem muito medo de passar por uma demissão.

O que eu aprendi, eu disse para aquela jovem e continuo dizendo sempre que possível: *liderança não é uma escolha, mas uma característica intrínseca e autêntica que nasce da capacidade de sonhar e de acreditar no seu próprio potencial de realização*. Sua força e sua beleza são diretamente proporcionais ao grau e à intensidade do seu desejo. Como um ímã, o líder atrai naturalmente outras pessoas e assim constrói redes, facilita conexões, contorna padrões, desbrava caminhos, absorve lições e pede ajuda.

Sim, pedir ajuda não é um ato de fraqueza, mas de humildade e de fibra. Eu nasci, como você já sabe, em uma família tradicional, e com meu marido construí uma que, pelos olhos da sociedade, não é tão tradicional assim. Eu só faço parte das estatísticas de liderança feminina porque conto com o apoio de um companheiro, que escolheu assumir boa parte das funções que historicamente são executadas por mulheres na casa e na família. Eu não deixei de ser mãe e esposa, tampouco mulher por causa disso. Ao pedir e aceitar ajuda nossa parceria se revigorou e eu fui capaz de executar melhor todos os papéis, inclusive o de executiva.

Outra forte característica de um líder é sua capacidade de dizer não. Para isso, é fundamental o autoconhecimento que descortina não só capacidades e qualidades, mas também limites. Inevitavelmente somos confrontados com situações – não só no mundo corporativo – que cobram uma posição firme ao longo da vida. O que move a reação é também o que diferencia um líder.

Por mais apoio que recebesse da minha família, eu fiz também a minha parte ao buscar entender quem eu sou e como posso ser melhor para mim e para os outros, sem deixar de lado minha autenticidade. Comecei a fazer terapia quando tinha vinte anos, pratico yoga e natação e conto com o suporte de uma *coach* para o desenvolvimento da minha carreira. Cada uma dessas atividades me ajuda a entender melhor meus limites, minhas fraquezas, qualidades, vantagens e prioridades. É isso que me dá confiança para poder acertar e errar também. Esse processo de aprendizagem também se dá ao buscar referências, um passo muito importante para o desenvolvimento, seja pessoal ou profissional. Se você se inspira em alguém que faz melhor que você, você chega lá mais rápido, por aprender com os erros e acertos dos outros.

Além disso, cresci pautada por valores muito fortes ligados à ética, ao respeito pelo outro e à verdade, que são, para mim, condições fundamentais de convivência em qualquer ambiente. Essa posição já me rendeu sérios conflitos, como denunciar um alto executivo por contratar irregularmente um fornecedor, e até valiosas lições, como aconteceu durante a fusão de duas empresas. Na época, eu cedi à pressão do momento e devolvi a falta de informação, imposta pela outra equipe de Comunicação, na mesma moeda. Naquele mês, minha vida se tornou um inferno, com níveis de estresse e infelicidade extremos. Eu simplesmente não me reconhecia naquele papel mesquinho. Quando me dei conta do erro que estava cometendo, resgatei minha identidade e dei total acesso à outra equipe, mesmo sendo esse um passo unilateral. Ao fazer a minha parte para criar um ambiente positivo, fiquei em paz e selei o meu destino: fui escolhida a gerente da área.

Ao longo da minha carreira também aprendi que paralisar o jogo por medo de arriscar e de enfrentar situações desafiadoras é desperdiçar o futuro e deixar de construir um legado significativo. Ao enfrentar os problemas e dilemas, os horizontes se abrem e o seu propósito amadurece. Hoje eu sei que, com a minha posição e experiência, eu posso e quero criar ações de alto impacto que melhorem a vida das pessoas. Meu campo de atuação é amplo: consigo alcançar desde plantadores de batatas no Peru às mulheres que estão ao meu redor. Foi isso que me fez fundar uma rede na empresa onde trabalho para alavancar mais mulheres para cargos de liderança. Com 500 integrantes, o grupo divide experiências e aperfeiçoa a escuta para afinar o presente e desenhar o futuro, com apoio e participação da liderança masculina. Essa diversidade é fundamental para criar uma organização, além de uma sociedade, mais sustentável. Dessas rodas de diálogo e empatia, surgiu a vontade de ampliar minha atuação contra essa miopia emocional provocada pelo medo, que inibe um movimento simples: o de olhar para o lado e ver que estamos rodeadas de exemplos inspiradores, que nos dão força para seguir adiante.

São mulheres que aprenderam com as gerações anteriores e dão continuidade aos direitos conquistados, com inteligência, autoconfiança, singularidade, consistência e muita personalidade. São mulheres que não se deixam ofuscar por marcas, que redescobrem diariamente seu propósito e que moldam seu estilo de liderança com a verdade e a afetividade dos seus corações. São mulheres que tomam cada pedra do caminho como mais uma oportunidade para aprender, cocriar e, principalmente, realizar.

Essas Alfas estão por toda parte, dentro e fora do mundo corporativo. Exalam a força da sua própria natureza, transformando a famigerada vulnerabilidade feminina em estopim da inovação na carreira e na vida. Vestidas de si, essas líderes inspiram a todos, homens e mulheres, por suas escolhas, atitudes e decisões. E exaltando algumas mulheres, sinto-me honrada em poder compartilhar a história de Ana Couto, Ana Fontes, Ana Michaelis, Cristina Palmaka, Gisela Pinheiro, Mara Gabrilli, Márcia Rocha, Patrícia Santos, Teka Vendramini e Valéria Scarance.

Ao final da leitura espero que você tenha mais convicção do que eu que nós, brasileiros e brasileiras, não precisamos de heroínas e heróis inalcançáveis, pois estamos cercados de líderes que, pelo exemplo, podem ajudar a despertar o seu poder de realização, capaz de mudar a história individual e coletiva.

MAIS SOBRE MIM

Qual é a minha formação?
Eu me formei em Comunicação Social na Fundação Armando Álvares Penteado, fiz MBA em Marketing na Universidad Iberoamericana, especialização em Administração para graduados na Fundação Getúlio Vargas, Gestão pela Fundação Dom Cabral, Relações Governamentais e Institucionais pela George Washington University e pela Aberje, Comunicação Corporativa Internacional pela Syracuse University e pela Aberje, Redes Sociais e Inovação Digital na Escola Superior de Propaganda e Marketing (ESPM), e em Criação de Valor Compartilhado na Harvard Business School.

Que líderes me influenciaram?
Tive a sorte de conhecer vários líderes que me influenciaram ao longo da minha vida. Homens e mulheres que transformam a sociedade para melhor. Minhas principais referências, no entanto, sempre foram meus pais – Anna Christina e Augusto Paulo Xavier de Brito.

O que é sucesso para mim?
É fazer o que você gosta e alcançar objetivos que beneficiem o ambiente, as pessoas e você.

Como eu lido com fracasso?
Absorvendo-o como aprendizado e encontrando uma forma de fazer diferente para obter sucesso.

Qual é a melhor e a pior parte de ser líder?
A melhor é mobilizar pessoas por um objetivo em comum, ajudando em seu desenvolvimento e no sucesso do todo. A pior é, em alguns momentos, tomar sozinha decisões difíceis e de grande impacto.

Na velocidade do mundo hoje, como eu me mantenho atualizada?
Primeiro, eu não me coloco a responsabilidade de estar totalmente informada o tempo todo. Eu defino prioridades, busco fontes confiáveis e reflito. Meu pai sempre disse: você não precisa saber tudo, mas saber quem sabe.

Onde e como busco inspiração?
Na arte e na tecnologia, em geral, e em pessoas mais experientes e também mais jovens, sem medo se elas pensam igual ou diferente de mim.

A liderança feminina que inspira a todos é...
Autêntica, colaborativa, generosa, efetiva e boa para todos.

A BRASILEIRA

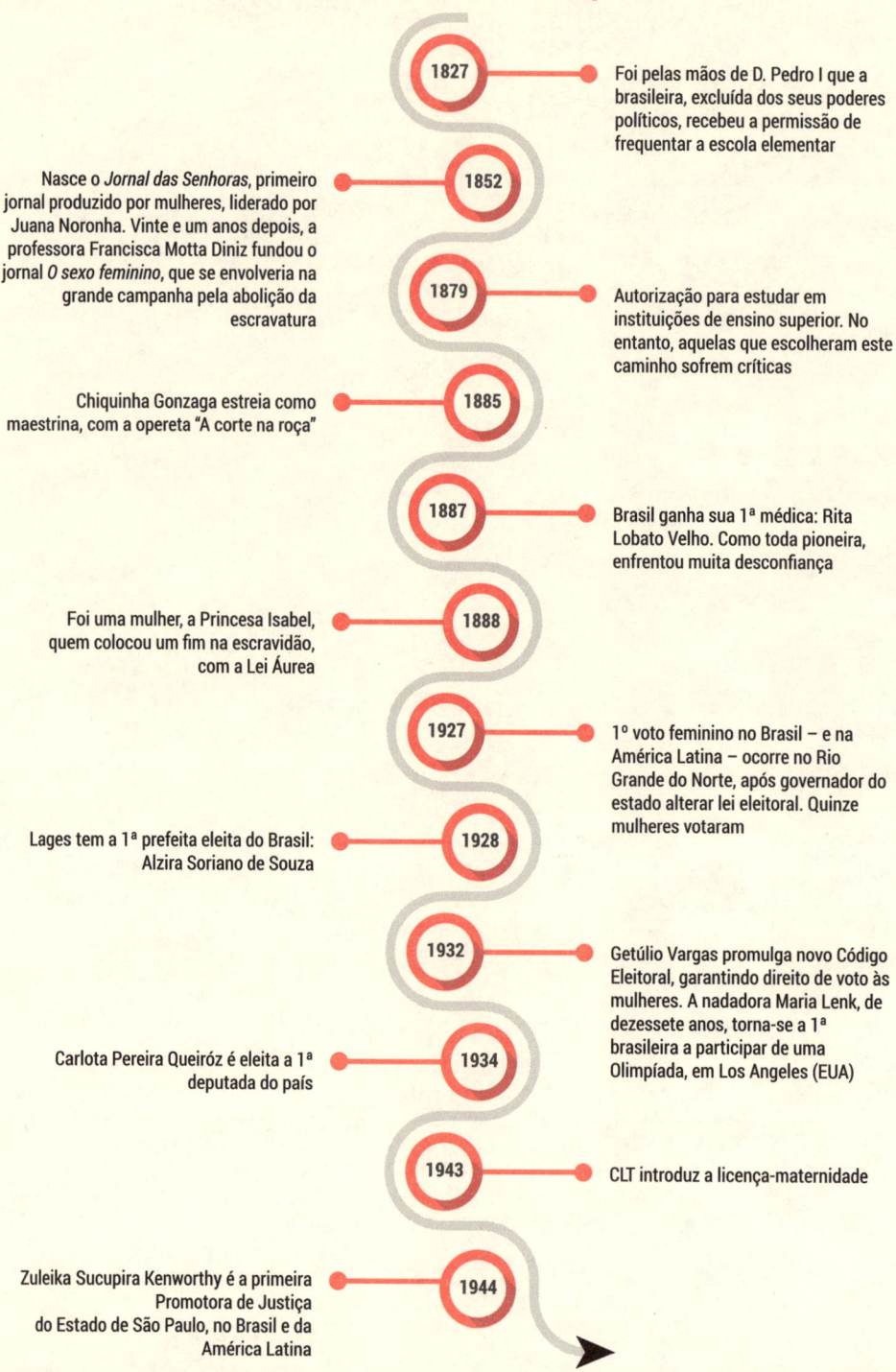

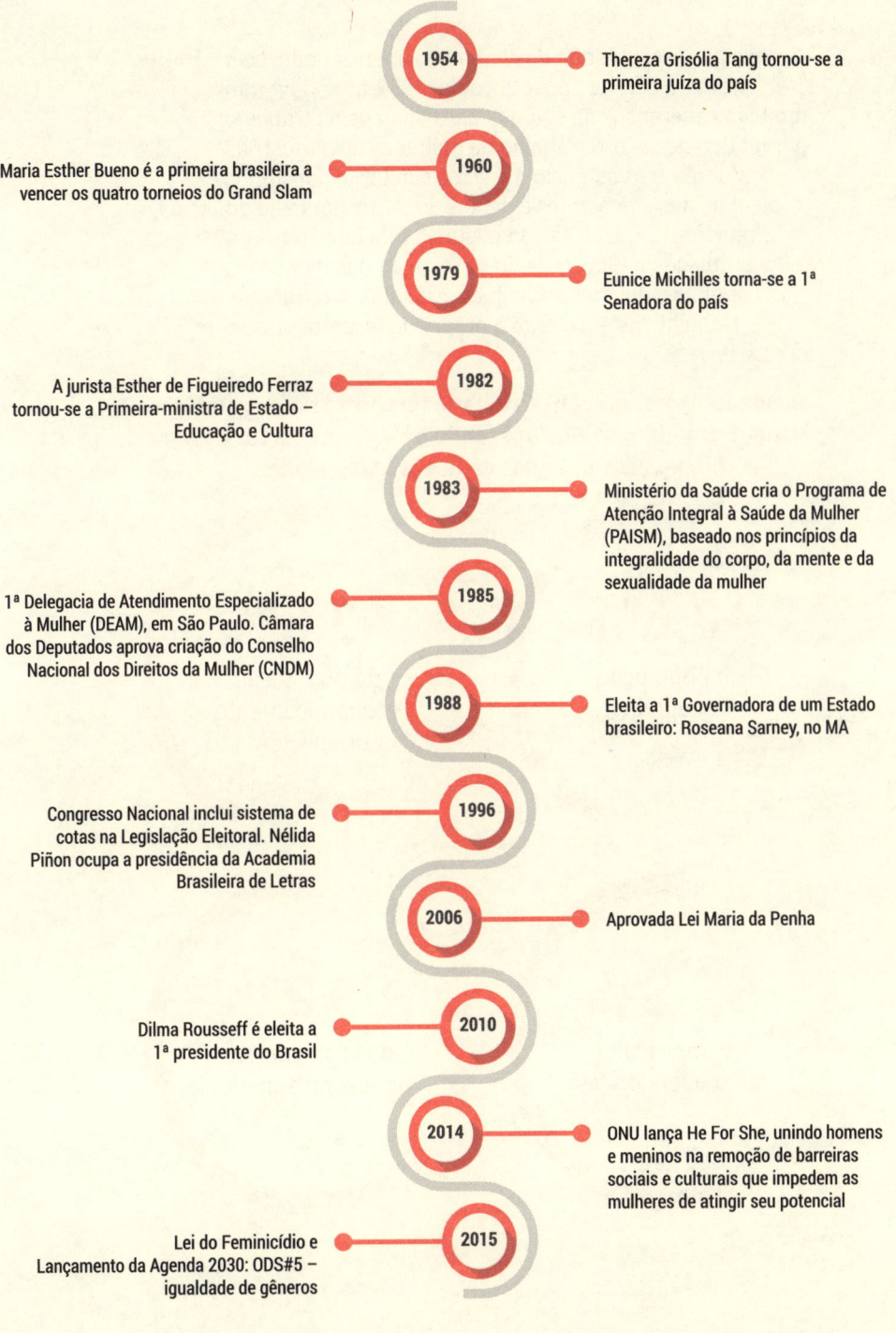

O princípio da igualdade de gêneros foi mencionado, pela primeira vez, na Constituição de 1934, quando foram proibidas diferenças de salários para um mesmo trabalho por motivo de sexo; o trabalho de mulheres em indústrias insalubres; e assistência médica e sanitária à gestante, além de descanso antes e depois do parto, por meio da Previdência Social. As conquistas foram ampliadas na Constituição de 1988, quando se reforçou a isonomia, os direitos e deveres individuais e coletivos, os direitos trabalhistas e o direito à propriedade, entre outros.

Desde 1980, a representatividade feminina na população brasileira aumentou, superando a dos homens (51,4%). Ela passou a ocupar cada vez mais espaço.

42,6% da população ocupada

43,6% da população economicamente ativa (PEA)

55,5% das matrículas em universidades

59,2% dos concluintes do ensino superior

Nível	%
Conselho	11%
Executivo	13,6%
Gerência	31,3%
Supervisão	38,8%
Quadro Funcional	35,5%
Trainee	42,6%
Estagiária	58,9%
Aprendiz	55,9%

Nas 500 maiores empresas do Brasil há um claro afunilamento com menor participação de mulheres em escala hierárquica. Apenas 28,2% do grupo possui políticas de promoção de igualdade.

E o que é mais grave: 34,2% justificou sua falta de ação no combate à sub-representação feminina como falta de interesse das mulheres.

A DESIGUALDADE NÃO PARA POR AÍ

− 28%
É o que ganha uma mulher, na faixa dos 40 anos, sem diploma de ensino médio, em comparação com um homem nas mesmas condições

− 47,4%
É o que ganha uma mulher, na faixa dos 40 anos, com nível universitário, em comparação com um homem nas mesmas condições

PERFIL

Quem é a Mulher Alfa?

Eu fui conversar com diversos especialistas, com trajetórias e atuações completamente diferentes para responder a essa pergunta. Cada um deles reforçou em mim a importância de uma liderança que responde com coragem, transparência e autenticidade aos desafios e angústias do mundo em que vivemos.

O conceito Alfa, ou *Alpha,* não é uma novidade. Remete à primeira letra do alfabeto grego, à primeira versão de um programa, ainda restrito aos desenvolvedores; ou ao primeiro indivíduo de uma comunidade, cuja postura e personalidade inspiram os demais. Esta figura existe em várias espécies, inclusive na humana.

Os homens foram incumbidos desse papel desde cedo, tanto pela força exigida dos caçadores – coletores das sociedades primitivas – quanto pelo papel de provedor na era industrial. Coube, então, às mulheres exclusivamente a perpetuação da espécie e a organização do convívio familiar e social. Com o passar dos anos, o protagonismo feminino foi se expandindo e começou a quebrar paradigmas, inclusive no Brasil. O direito de votar, por exemplo, foi conquistado pelas nossas avós e bisavós, em um passado não tão distante, em 1932. O que hoje temos como certo e irrevogável não é ainda realidade para um número considerável de mulheres de alguns cantos do globo, que, em pleno século XXI, ainda são consideradas seres humanos de segunda categoria, com direitos excluídos, quando não inexistentes.

As brasileiras receberam autorização para cursar uma faculdade há pouco mais de um século. Junto do desejo de ter uma profissão, existia, acima de tudo, coragem para enfrentar o medo – seu e da sociedade – do novo e da mudança. É isso o que ainda acontece no mercado de trabalho.

De acordo com estudo[1] do World Economic Forum que avalia a igualdade entre os gêneros em 114 países, o Brasil é referência no acesso à educação, mas deixa a desejar em participação econômica, oportunidade de trabalho e representação política feminina. Ainda assim, o país ocupou, no *ranking* de 2017, o 90º lugar, uma evolução de apenas 23 e onze posições, respectivamente, em relação à 2006 e 2016. Não há dúvidas de que a

---

1   WORLD ECONOMIC FORUM. The Global Gender Gap Report 2017. 2 nov. 2017. Disponível em: <https://goo.gl/j3R9WJ>. Acesso em: 16 jan. 2018.

educação brasileira progrediu, mas ainda possui muitos desafios para formar adequadamente a nova geração de líderes.

Um retrato[2] feito pelo Instituto Ethos das 500 maiores companhias do Brasil reforça a disparidade atual no mercado de trabalho: a presença feminina é de apenas 13,6% nos quadros executivos e 11% nos conselhos de administração.

Quando olho para esses números, eu não me importo com as barreiras à frente. A resistência a mudanças sempre existiu e a história prova que a evolução pode ser adiada, mas não inibida. Quando olho para aqueles números, vejo somente a imensa responsabilidade que tenho para com o meu filho e com as próximas gerações. Cabe a mim abrir espaços e melhorá-los da mesma forma que as mulheres que vieram antes de mim, inclusive aquelas que adotaram comportamentos ou trajes mais masculinos para sobreviver.

De certo modo, a tarefa de construir o futuro não ficou mais fácil. A *coach* e psicanalista Marília Rocha me explicou em nossa conversa que a transformação em curso do mundo em que vivemos gera impacto em três esferas interligadas e interdependentes.

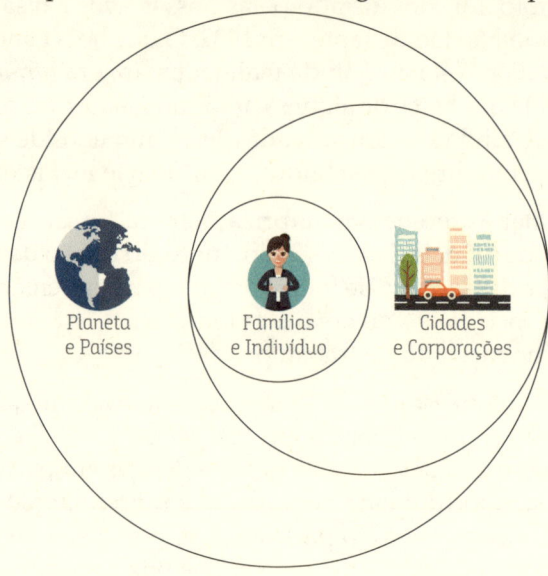

Planeta e Países

Famílias e Indivíduo

Cidades e Corporações

---

2   EMPRESAS E RESPONSABILIDADE SOCIAL. Perfil social, racial e de gênero das 500 maiores empresas do Brasil e suas ações afirmativas. Disponível em: <https://goo.gl/YJJjq8>. Acesso em: 16 jan. 2018.

Há um contexto mais amplo, relacionado ao planeta e aos países, que coloca em xeque valores socioculturais previamente assumidos. Ele reverbera em um nível intermediário, onde estão as cidades e as empresas, que são obrigadas a repensar seu modelo e suas relações. Como não poderia deixar de ser, essas mudanças impactam o fórum íntimo, já que a vida das famílias e do indivíduo estão diretamente ligadas ao mundo do qual fazem parte.

As mudanças climáticas são o melhor exemplo disso, já que seus efeitos afetam diretamente países, empresas e cidadãos e exigem de todos novos comportamentos e práticas. A ação isolada em uma esfera é insuficiente para transformar o todo.

Conversei também com o *headhunter* internacional Jürgen Paulus, que corroborou essa visão ao destacar que a questão da mulher não pode ser analisada isoladamente, sem uma análise profunda do sistema político, econômico, religioso, educacional e cultural do qual fazemos parte. É fruto, inclusive, do amadurecimento da nossa democracia, como aconteceu em outros países. Paulus me explicou que, "no Brasil, você ainda tem uma semântica extremamente machista, no qual está pré-determinado que a mulher se dedica mais à família que o homem. Há desde a infância uma separação muito antiga. No trabalho, a questão da mudança demora a se concretizar porque a sociedade precisa por lei fazer outros trabalhos e também entender por que a diversidade agrega um valor tão fenomenal".

É por isso que o nosso viver ficou mais desafiador, pois as mudanças são complexas. Vivemos em uma era de realidades sobrepostas, que demanda, acima de tudo, uma visão mais integradora – de dentro para fora e de fora para dentro. É por isso também que a sociedade atual, complexa como ela só, já pede e vê surgir uma nova liderança, que pretere estereótipos e padrões por singularidade e diversidade. Pautado em valores e ideais, esse novo protagonismo se dá de várias formas: das escolhas de consumo à gestão de quatro gerações diferentes no ambiente de trabalho. "Já existe uma massa crítica de líderes que ousam não ter mais uma visão dicotômica, mas uma sistêmica, que é pragmática e tem propósito; que é racional e também intuitiva, levando em conta o que está acontecendo com as pessoas", explicou-me a *coach* Marília Rocha.

A essência da Alfa

Quando você vai a uma sorveteria, como você escolhe o que quer? O que a leva a arriscar e descobrir novos sabores? Esse exemplo pode ser simplista, mas mostra a amplitude e, por que não, a complexidade de escolhas que temos hoje ao nosso dispor? Do sabor do sorvete a decisões mais importantes da vida, a líder Alfa encontra as respostas dentro de si.

Conversei com a psicóloga clínica, estudante de Vedanta e especialista em Terapia Cognitiva Comportamental, Marta Lenci, para quem alguns questionamentos se perpetuaram na humanidade e continuam presentes mesmo em um mundo volátil como o nosso, que apresenta diariamente novos desafios, realidades, tecnologias e modos de fazer.

De acordo com Marta, "o mundo muda, mas não as inquietações humanas, que são as mesmas desde sempre. Por outro lado, nesse mundo atual, tudo nos distrai de nós. Quase não temos tempo para responder a estas perguntas fundamentais".

Decifrar esse enigma é uma busca não só legítima mas também necessária para o processo de escolhas e a evolução em todas as esferas da vida. "A partir do autoconhecimento, podemos nos libertar da ilusão, dos equívocos, dos condicionamentos da mente, do excesso dos desejos e aversões, das identificações, das projeções, dos medos, dos autojulgamentos, das autossabotagens", completou a psicóloga clínica.

Os principais questionamentos da humanidade

Marta Lenci analisa que toda a humanidade se questiona e busca pelas mesmas perguntas, que são:

- Quem sou eu?
- De onde eu vim?
- Para onde eu vou?
- O que devo fazer?
- Qual é o propósito da minha vida?
- Que tipo de pessoa eu quero ser?
- O que eu estou fazendo para ser quem eu quero ser?
- De que modo vim contribuir nesta vida?

- Por que, às vezes me sinto tão realizada (o) e feliz e, por vezes, tão incompleta(o) e triste?
- Por que, às vezes, tenho medo?
- Por que, às vezes, me sinto tão poderosa(o), corajosa(o), com uma força inabalável, e, às vezes, tão vulnerável e frágil?
- Quais são os meus papéis nesta vida?
- Como realizo meus papéis?
- Como me relaciono com estes papéis e com as pessoas envolvidas?

O autoconhecimento é a força motriz da ação e realização de cada líder. É essa verdade que inspira e mobiliza aqueles ao seu redor. A Alfa usa sua essência para fazer escolhas mais conscientes – não só sobre o que faz, mas como se faz e porquê se faz. Ao ter certeza de quem somos e das nossas motivações, ganhamos maturidade emocional para sobreviver às incertezas da vida. "O mundo nem sempre irá seguir o nosso *script* ou o nosso roteiro", destacou a especialista em Terapia Cognitiva Comportamental, que garante que é possível cultivar a resiliência e o equilíbrio diante dos obstáculos, passando a ver a vida sob uma outra lente. "O mundo é um lugar dinâmico, um campo de experiências, de aprendizagem, de desenvolvimento, de testagem, de investigação, de obstáculos e de facilidades para aprendermos, nos desenvolvermos e encontrarmos o nosso propósito, respondendo, talvez, quem sabe, àquelas perguntas inevitáveis. É assim para todos nós, humanos, homens e mulheres", complementou Marta.

É por isso que as organizações estão cada vez mais investindo em treinamentos de desenvolvimento pessoal, por entenderem que pessoas mais conscientes dos seus propósitos e características têm também mais confiança no seu potencial, mais vontade de ir além, mais facilidade de fazer escolhas e de definir prioridades. A empresa ganha quando o funcionário ganha.

O desenvolvimento pessoal também se refere a:

- modelos familiares e habilidades aprendidas para lidar com a vida;
- valores éticos transmitidos através das gerações;
- determinação, coragem, confiança;

- capacidade de observação;
- bom senso e agilidade para se relacionar com dificuldades e obstáculos;
- conhecimento do próprio corpo, mente e emoções;
- gentileza e bondade amorosa para consigo e com os outros;
- compreensão de que não é possível fazer tudo o que se quer e agradar a todas as pessoas o tempo todo;
- capacidade de enxergar a realidade como ela é, livre de ilusões, interpretações errôneas, círculos viciosos desadaptativos;
- construção de uma rede de apoio;
- capacidade de realização e de execução.

Para Jürgen Paulus, a falta de confiança em si mina o futuro do profissional – seja homem ou mulher. É fundamental saber o próprio valor e o seu potencial. "Os brasileiros tendem a achar que não servem para o resto do mundo, mas seus executivos são excelentes em qualquer parte do globo". Durante a entrevista, ele destacou como pontos positivos não só a formação, mas também a experiência dos nossos profissionais. O mercado brasileiro pode não ser tão desenvolvido em alguns aspectos, mas as qualidades da nossa liderança são atraentes. "Sabem trabalhar com caos e com infraestrutura precária, com criatividade e humildade", complementa o *headhunter*. Vale destacar que a leitura de cenários complexos é uma das características mais valorizadas em um profissional da quarta Revolução Industrial, segundo o World Economic Forum.[3]

A realização vale mais que o sacrifício

Paula Jacomo Martins é uma referência em Recursos Humanos para mim. Com 30 anos de experiência na área, ela revelou, em entrevista, que o principal dilema feminino em diferentes países é como conciliar a vida pessoal com a profissional. Essa é a pergunta que mais escuta, já que muitas mulheres ainda en-

---

[3] WORLD ECONOMIC FORUM. The Future of Jobs. Disponível em: <https://goo.gl/ZCh9Bs>. Acesso em: 16 jan. 2018.

xergam a ascensão profissional pela lente do sacrifício e não da realização. "Eu sempre respondo que você não precisa abrir mão de nada. Você consegue chegar lá ao fazer escolhas em relação a tudo: ao parceiro, ao seu desenvolvimento e à sua carreira", essa é a resposta incentivadora de Paula.

Mãe de um garoto e executiva de uma multinacional para a América Latina, Paula fala com propriedade do tema: "Sim, houve momentos em que eu foquei mais no trabalho para atingir o nível de carreira que estava buscando, mas sem perder o foco do que eu quero como esposa, mãe, filha e profissional". Não existe uma fórmula pronta, mas um esforço de cada uma para identificar o que é importante para si e o que é prioridade em cada momento da sua vida. "A carreira passa por uma escolha ampla, que é de vida. É definir o que se quer e como se quer", explicou Paula.

Qualidades da Mulher Alfa

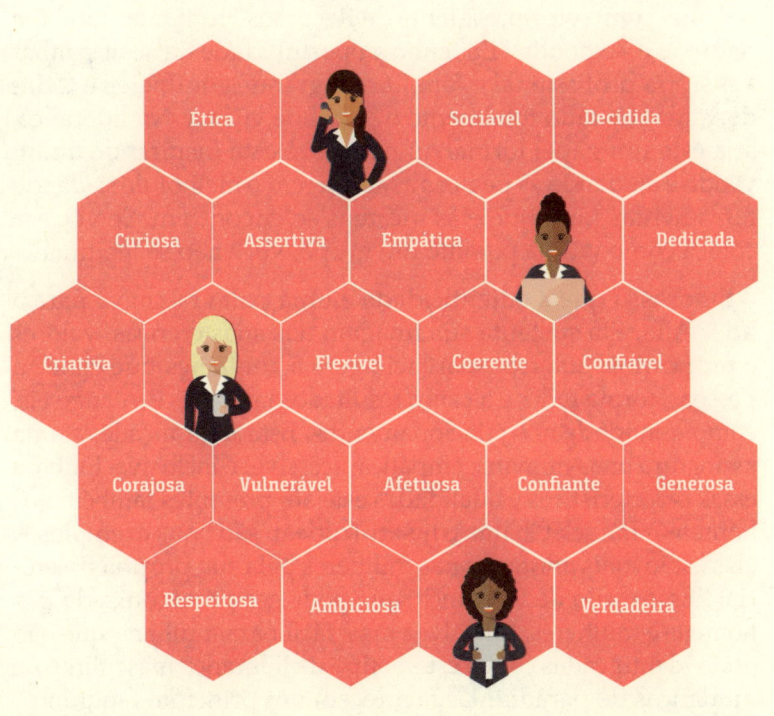

Ética · Sociável · Decidida
Curiosa · Assertiva · Empática · Dedicada
Criativa · Flexível · Coerente · Confiável
Corajosa · Vulnerável · Afetuosa · Confiante · Generosa
Respeitosa · Ambiciosa · Verdadeira

Conversei também com a antropóloga Valéria Brandini, que corrobora essa visão com o que chama de autonomia existencial, que recusa aquele mundo binário onde se vive de um jeito ou de outro. A opinião dela é que "você não é forte ou fraco. Você pode ser forte e vulnerável, sensível e assertivo". Para ela, a brasileira do século XXI é a mulher integral, porque "não é mais isso ou aquilo, ela não segue mais o arquétipo da prostituta ou da santa, da mãe ou da executiva. Ela integra tudo o que está na sua natureza e no seu desenvolvimento pessoal ao que é e quer ser".

Com o autoconhecimento, adquire-se uma postura de autorresponsabilidade pela sua própria realidade. E isso inclui a sua própria versão de sucesso. "Não necessariamente o que é sucesso para uma pessoa precisa ser para a outra. Para algumas, é dinheiro; para outras, tempo de lazer. Se a pessoa consegue entender o que é sucesso para si, ela é capaz de estruturar a sua vida conforme os seus valores e equacionar suas atividades para atingir o que todo mundo quer: o equilíbrio", completou Valéria.

Paula, como vice-presidente de Recursos Humanos, também reforçou esse ponto: "Eu tenho a oportunidade de acompanhar a história profissional e familiar de grandes mulheres e todas deixaram de lado totalmente o papel de vítima. Na liderança, seja este um papel formal ou não, você está inspirando, motivando e ajudando as pessoas a oferecerem o melhor de si, dando ferramentas para que elas mesmas se encontrem. Se você se coloca como vítima perante um grupo, você não se legitima".

É por isso que a autenticidade é uma palavra-chave para a líder Alfa. Ela sustenta sua imagem nas suas crenças, valores e propósitos. Sua transparência gera a confiança que conecta pessoas, forma redes e alcança resultados tangíveis e intangíveis, como qualidade nos relacionamentos. Esta liderança leva uma assinatura mais humana, empática, acessível e inclusiva. Embora essas características e qualidades estejam presentes também nos homens – Barack Obama e Justin Trudeau são bons exemplos –, elas estão mais afloradas nas mulheres pela sua própria trajetória. "Esse estilo de liderança, que pode ser protagonizado por homens e mulheres, flui talvez mais fácil para mulheres que não estão identificadas com o estereótipo de liderança masculino. As mudanças de paradigmas favorecem um princípio feminino", reforçou a *coach* Marília Rocha.

É indiscutível a capacitação da mulher para liderar a cocriação deste novo mundo. Elas estão, inclusive, mais preparadas academicamente, já que possuem mais anos de estudo que os homens. O consultor de inovação Lino Nader me explicou que, nas sociedades primitivas, o cérebro feminino desenvolveu uma capacidade de atenção maior que a do masculino. Como cuidar da prole era uma incumbência das mulheres, havia uma necessidade maior de identificar o perigo ou qualquer outra ameaça externa. "Por esse mesmo motivo, as mulheres desenvolveram também maior memória verbal e de processamento da linguagem nos dois hemisférios do cérebro. Por outro lado, por não necessitarem se deslocar em busca de território e caça, além da supressão do estrogênio, a competência espacial não foi tão desenvolvida", diz o consultor de inovação.

Com os avanços da ciência, sabe-se hoje que o cérebro da mulher evolui mais rapidamente, alcançando a maturidade por volta dos 24 anos de idade, enquanto o do homem pode demorar até 35 anos para completar sua maturação, o que explicaria a diferença de comportamento entre os sexos. Além disso, a mulher possui mais conexões entre os hemisférios, unindo mais facilmente a capacidade de análise e tratamento da informação, que vem do lado direito, com a intuição, do esquerdo. Isso impacta sua performance de diversas maneiras – da facilidade de leitura e de realizar tarefas de precisão à maior coordenação motora e empatia, requisito essencial para a inovação. "Estudos das universidades de Harvard e Carnegie Mellon citam alguns hormônios que têm um grande papel no comportamento feminino, como a prolactina, que faz a mulher se preocupar mais com o outro; o cortisol, que provoca medo e estresse; a ocitocina, que desperta um lado mais amoroso; a progesterona, que aumenta a delicadeza e a sensibilidade; a testosterona, que influencia a agressividade; o estrogênio, que incentiva a vontade de controle; e a dopamina, que deixa a mulher mais cética e desconfiada", ressaltou Nader. É claro que o cérebro do homem também tem características específicas, além da oscilação ou flutuação de hormônios. E é por isso que a diversidade no ambiente de trabalho se torna tão importante.

O valor compartilhado

A ascensão feminina no mercado de trabalho é fundamental sob vários aspectos. No curto prazo, vários estudos tornam possível afirmar que em companhias onde há equilíbrio de gêneros nas equipes a qualidade da performance e as margens líquidas são melhores. Se fosse uma realidade hoje, o poder da paridade é tanto que cerca de US$ 12 trilhões seriam injetados ao crescimento mundial, de acordo com a McKinsey & Co.[4]

Em longo prazo, somente a combinação dos diferentes olhares e capacidades podem nos levar às respostas para esse mundo complexo. A líder Alfa sabe que os seres humanos, sejam homens ou mulheres, são diferentes fisicamente e fisiologicamente. A conjunção de naturezas e histórias diferentes a inspira gerar valor e a cocriar soluções que beneficiem pessoas e ambientes.

"A criatividade nada mais é que ter a capacidade de unir pontos distintos de experiências de vida, ou seja, conectar informações desconexas vividas durante um período", explicou Lino Nader. "Quanto mais esforço mental realizamos e mais experiência vivemos, maiores são as chances de aumentar as conexões neurais chamadas de sinapses. Quanto maior a capacidade cognitiva, maior o poder criativo, e isso vale tanto para o homem quanto para a mulher", complementa o consultor de inovação. Para pensar fora da caixa é preciso sair do piloto automático, que responde a estímulos já conhecidos, e entrar em contato com novos pontos cerebrais através de experiências de vida, sentidos e padrões de pensamento. O encontro de diferentes em um mesmo ambiente, sejam eles humanos ou pensamentos, pode causar um desconforto, em um primeiro momento; mas é o estopim das melhores ideias. A líder Alfa gosta disso e busca sempre alternativas para alavancar competências, produtividade, inovação e crescimento individual e coletivo.

Além de fazer parte dos objetivos do desenvolvimento sustentável, a igualdade de gêneros recebe a atenção da ONU Mulheres, entidade da Organização das Nações Unidas (ONU) que se dedica a garantir os direitos humanos das mulheres no mundo.

---

4   ONU MULHERES. Empresas. Disponível em: <https://goo.gl/wXx4HB>. Acesso em: 16 jan. 2018.

Eles criaram os Princípios de Empoderamento das Mulheres,[5] conhecidos por *Women's Empowerment Principles* (WEPs), que também beneficia os homens ao incentivar a criação de um ambiente mais acolhedor e justo para todos.

PRINCÍPIOS DE EMPODERAMENTO DAS MULHERES

1. Estabelecer liderança corporativa de alto nível para a igualdade de gênero.
2. Tratar todos os homens e mulheres de forma justa no trabalho – respeitar e apoiar os direitos humanos e a não-discriminação.
3. Garantir a saúde, a segurança e o bem-estar de todos os trabalhadores e as trabalhadoras.
4. Promover a educação, a formação e o desenvolvimento profissional das mulheres.
5. Implementar o desenvolvimento empresarial e as práticas da cadeia de suprimentos e de marketing que empoderem as mulheres.
6. Promover a igualdade através de iniciativas e defesa comunitária.
7. Mediar e publicar os progressos para alcançar a igualdade de gênero.

Fonte: ONU MULHERES. Empresas. Disponível em: <https://goo.gl/wXx4HB>. Acesso em: 16 jan. 2018.

A igualdade de gênero também gera mais diálogo. A mentoria, por exemplo, é uma das práticas que começa a ganhar força dentro das empresas. "Elas ajudam muito a mulher a pensar a partir da troca de experiência. É, às vezes, um encorajamento para dizer sim ou não a uma situação, e até na definição de prioridades", apontou Paula Jacomo Martins. A vice-presidente de Recursos Humanos também ressaltou que a licença-paternidade estendida como uma prática que começa a crescer nas organizações e que beneficia os dois, além de quebrar vários estereótipos. "O legal disso é que você cria referências diferentes na nova geração. A criança já olha o homem e a mulher como deve ser: em posição de igualdade".

5   ONU MULHERES BRASIL; REDE BRASILEIRA DO PACTO GLOBAL. Princípios de empoderamento das mulheres. Disponível em: <https://goo.gl/Q1x7UH>. Acesso em: 29 jan. 2018.

Para Jürgen Paulus, esta é a diversidade integradora. Os líderes que o mercado precisa veem o todo, sem repetir a segregação do passado e, principalmente, eliminando reações agressivas. "Machismo é um papel colocado na infância, e é também uma forma de insegurança", destaca o *headhunter* internacional. "Muitos homens hoje estão no vácuo, sem saber o que fazer". A líder Alfa tem a sensibilidade para olhar para essa situação e apoiar essa transição. "Esse modelo tem muito potencial, mas se você for muito rápido na transformação, você sobrecarrega a sociedade com um peso que ela nem sabe que tem", destacou Paulus.

Pesquisa realizada pela empresa C | level, da qual o *headhunter* internacional integra, com 100 executivas reforçou que as líderes brasileiras possuem características em comum: profundo conhecimento, visão crítica e global do negócio, agilidade, determinação, humildade e equilíbrio emocional. No que diz respeito à gestão, dois perfis se sobressaem:

- aquelas que são mais racionais e especializadas em um assunto. Elas costumam desenvolver e executar um time compacto de líderes e talentos dentro da zona de conhecimento funcional/ industrial do líder;
- Aquelas que assumem um comportamento mais família dentro da organização, transcendendo a racionalidade para um nível holístico-empresarial, que se preocupa com o todo. Dessa forma, miram a criação de uma forte rede de valor ao cuidar do recrutamento, do desenvolvimento e da promoção daqueles que lideram e dos talentos futuros da companhia.

Para Paulus, os dois perfis se destacam por ter uma autoconsciência muito elevada, que as possibilitou chegar ao topo das empresas. "Também mostra que, em linhas gerais, as líderes brasileiras *no nível C* sabem que a prioridade de sobrevivência empresarial de um mercado global é crescimento, crescimento e crescimento – seja de receitas, lucro, fatias de mercado e margens por categoria através da inovação constante e da gestão de desempenho radical".

Por toda parte

Considero Alfas as mulheres que convidei para participar deste livro e tenho certeza de que elas servirão como fonte inspiração a todos. Sinto-me honrada em poder apresentar:

- Ana Couto, empresária, que sempre usou sua criatividade para empreender;
- Ana Michaelis, artista plástica, que usa sua confiança e foco para inspirar;
- Ana Fontes, empreendedora, que formou, com muita dedicação, uma rede que se sustenta por um propósito em comum;
- Cristina Palmaka, executiva e presidente de empresa, que usa a sua flexibilidade para o desenvolvimento de negócios e pessoas de sucesso;
- Gisela Pinheiro, executiva e vice-presidente de empresa, que apresenta o lado positivo da ambição para conquistar mercados e equipes;
- Mara Gabrilli, deputada estadual, que transforma governos através da sua empatia em benefício da sociedade;
- Márcia Rocha, advogada, cuja generosidade e inteligência ilumina caminhos;
- Patrícia Santos, empreendedora, que conecta pessoas e organizações com assertividade;
- Teka Vendramini, produtora rural, que transforma sua curiosidade em conquistas para ela e para sociedade;
- Valéria Scarance, promotora de Justiça, cuja coragem muda sistemas e salva vidas.

Você verá que essas Mulheres Alfas não interpretam apenas um papel, tampouco têm superpoderes. Vivem suas verdades e, com humildade, aprendem todo dia um pouco mais sobre si mesmas. Elas se encantam e encantam, veem crescimento, ou sucesso, como realização de um ideal capaz de fazer a diferença no mundo. É por isso e para isso que projetam suas imagens. Esse é o propósito das líderes que entrevistei. Do seu jeito, cada uma delas continua descobrindo seu caminho. Com generosidade e coragem, não hesitaram em compartilhar conosco o que já trilharam.

ANA COUTO

Desde que a conheci, há mais dez anos, Ana Couto parece não se intimidar com nada, nem com as pedras do caminho, muito menos com uma sala cheia de homens. Vê a vida como uma longa e larga avenida a ser desbravada. Expressa sua verdade onde estiver, segura da sua capacidade de se reinventar e do seu potencial para gerar valor.

Nesta conversa, ela conta que decidiu muito cedo correr atrás do que acreditava – fosse vendendo camiseta ou transformando marcas. Ela teve coragem de abrir uma empresa na década de 1990, quando o Brasil ainda lutava para ter uma moeda forte e para controlar a inflação desvairada. Naquela época, o acesso à informação não era democratizado e o empreendedorismo era somente mais uma palavra no dicionário *Aurélio*. Ana foi aconselhada a desistir, desencorajada a seguir com sua crença no *design* como ferramenta para construir marcas fortes. Ela ouviu as sugestões, mas escolheu seguir sua verdade.

Em mais de duas décadas, tornou-se referência em *branding* e autora de diversas publicações internacionais. Ganhou também prêmios, como Wave Festival (2011), IDEA Brasil (2011, 2013 e 2014) e o Profissional do Ano de Comunicação – Design, pela Associação Brasileira de Propaganda (2013), entre outros. Em 2015, inaugurou a Laje, um centro de aprendizagem de *branding*, *design thinking* e inovação.

Não pense que Ana priorizou a carreira em detrimento da vida pessoal. Ela também se casou e teve dois filhos. Este é, para ela, o *match* perfeito, pois os filhos impulsionam a transformação dessa líder, que não para de aprender, fazer e se desafiar. Hoje ela alimenta o ecossistema que criou levando a sensibilidade de casa para o trabalho e a disciplina da inovação do trabalho para casa.

Ana abriu espaço na sua intensa agenda, que contou até com uma viagem à Índia, e me recebeu no seu colorido e moderno escritório paulistano para conversar sobre liderança feminina. A seguir, os principais pontos da conversa.

Empreendedorismo feminino Eu acho que tenho um DNA empreendedor, já que sempre tive uma veia criativa forte. Comecei duas faculdades (Design e Antropologia, que abandonei) e, aos vinte, montei minha primeira empresa de Design com um sócio. Casei com 23 anos e fui morar nos Estados Unidos, onde fiz mestrado e comecei a trabalhar em Nova York. Ali percebi que o mundo era do tamanho do nosso sonho. Montei uma empresa lá, com um sócio, e, quando voltei ao Brasil, em 1993, já vim com a minha empresa estruturada, trazendo na bagagem dois clientes americanos. Nunca pensei muito no meu caminho profissional, mas sempre quis ter um negócio que tivesse impacto.

Gerenciar o medo Quando voltei dos Estados Unidos peguei a época Collor – março de 1990 a dezembro de 1992 –, e meus amigos daqui estavam muito desanimados. Entretanto, eu estava surfando uma onda linda, já que vinha de um país que dava muitas oportunidades, ali tinha ganhado prêmios e reconhecimento profissional, e cheguei disposta a abrir um escritório. Fui muito desencorajada, mas não via obstáculo e tinha a ingenuidade que o empreendedor precisa ter, aquela que torna a vontade de fazer ser maior do que o problema.

Mudanças Sempre tive uma visão estratégica muito boa, e sempre soube navegar sob a ótica da construção de valor de um negócio através da marca. Aliando o olhar antropológico e o instrumental do *design*, eu me sinto segura no meu trabalho. Montei um time estratégico e muito qualificado na minha empresa, e a partir dali mudamos a escala do nosso crescimento. Tanto que a nossa primeira década foi a do Design Estratégico, e a segunda foi a da Consultoria de Branding. Agora estamos em um terceiro momento, com a Visão de Ecossistema.

Reinvenção Sou extremamente inquieta e curiosa, e preciso de novos desafios. Quando percebemos que as empresas tinham muita dificuldade para implementar um trabalho de *branding* bem feito, fosse na comunicação, no negócio ou na marca, decidimos ajudar as companhias nesse sentido, especialmente com mais inovação – foi então que surgiu a Laje, em 2015. Tenho duas palavras que, em sua essência, têm me guiado profissionalmente: *método*, no sentido de "caminho para se chegar lá", e *disciplina*, com a ideia de "se estar pleno de si".

Busca por propósito Estamos em um momento no qual as empresas precisam mostrar que são boas em sua essência, e que precisam cumprir seu papel no mundo, construindo um ecossistema de valor. Essa é a cara do século XXI.

Dica para abrir negócio Primeiro, muita paixão pelo que você faz, dando sempre o seu melhor. Depois, muita disciplina, e sei por experiência que a carreira de mulher empreendedora é mais difícil no sentido de conciliar vida profissional e familiar, sem deixar de valorizar cada uma delas. E junto com isso muita persistência, otimismo, capacidade de aprender com os erros e buscar sempre melhorar como pessoa e profissional. E também, é fundamental acreditar no seu time.

Recrutamento Aprendi bastante com esse processo. Acho que devemos escolher pessoas complementares a nós, de preferência com brilho no olhar e paixão pelo que fazem; pessoas com talento e, acima de tudo, gente do bem – que sejam bacanas de conversar, boas para trabalhar junto e amigas.

Mundo VUCA[6] Vejo como uma grande oportunidade o mundo VUCA. Acho que o mundo sempre foi assim, mas atualmente está mais desafiador, com um nível de desconforto muito grande. Apesar da interconectividade digital, sinto que as pessoas, especialmente os mais jovens, estão com vínculos e relacionamentos fragilizados. Por isso acredito que precisamos, mais do que nunca, encontrar nosso papel, do contrário a gente se perde. E o mesmo vale para as marcas, já que sempre adotamos essa analogia: marcas são como pessoas.

Seu papel Olhando para trás consigo ver meu fio condutor. Tudo faz muito sentido, talvez porque eu tenha feito tudo com muita energia e foco. E o meu propósito é a construção de valor por parte das pessoas e das marcas – algo de que sempre gostei e acho que faço bem. Aliás, nunca considerei o fato de ser mulher como um problema na minha vida profissional, apesar de saber

---

6   Acrônimo para Volatilidade, Incerteza, Complexidade e Ambiguidade, em inglês.

das dificuldades da liderança feminina. Uma coisa que sempre deixei claro: na empresa eu sou uma executiva; lá fora eu sou esposa e mãe. Atualmente, estou integrando essas duas facetas ao considerar a empresa uma grande família, o que tem sido um grande desafio pessoal. Há 25 anos eu era considerada muito assertiva e focada, e hoje estou tentando integrar as duas Anas que existem em mim.

Abraçar a vulnerabilidade Fiquei anos sem falar sobre um problema de infância, que me prejudicou a locomoção quando eu era pequena, entre um e três anos de idade, e que acabou moldando minha personalidade de estar sempre em movimento. Hoje consigo tocar no assunto, e costumo dizer que, se você entender a sua vulnerabilidade, ela se torna uma força, e não uma fraqueza. Descobri que é importante assumir a sua fragilidade, mas se colocar perante ela, para que não se torne um conflito.

Liderança Faço um trabalho forte de sair da liderança autoritária. Hoje estou em um terceiro momento: primeiro fui empreendedora – comecei um negócio e sobrevivi – e depois executiva – o negócio cresceu de pequeno a médio, e depois a grande. Agora, com o trabalho mais diversificado, procuro exercer uma liderança mais inspiradora – deixando o dia a dia da operação e me tornando mais uma gestora do negócio. Percebi que a liderança tem um aspecto interessante: o desequilíbrio impacta as suas relações na empresa e em casa. Dessa forma, quando a gente está resolvida, começa a ter empatia pelos outros, sendo bem mais construtiva.

Interação homem-máquina Eu chamaria de interação homem-tecnologia. Vejo muitos desafios, ao mesmo tempo muitas oportunidades. Como a tecnologia democratizou a informação, qualquer pessoa pode melhorar o seu negócio com informação.

Futuro do trabalho Desafiador. Sempre digo aos meus colegas: faculdade é formação, mas não é profissão. As profissões ainda vão evoluir muito e precisamos estar abertos ao que virá, e não ao que já foi. A forma como as atividades profissionais serão executadas será bem diferente. A formação continua sendo muito importante, e não somente na faculdade – quanto mais diversificada, melhor. Quem conseguir olhar o mundo sob essa ótica estará preparado para as oportunidades que deverão aparecer – seja como empreendedor ou colaborador.

A liderança feminina brasileira A mulher guerreira representa o código da cultura brasileira. É aquela que diz que sempre coloca mais água no feijão e que é inclusiva, sempre rodeada pelos filhos e círculo familiar. Ao mesmo tempo, uma mulher muito sexualizada, como objeto, e também trabalhadora. Acho que, na verdade, a conversa com o homem, em todos os ambientes, em casa e no trabalho, ainda está desfocada e precisa ser mais bem feita e resolvida. A grande mudança para a mulher brasileira vai ser colocar o homem nessa conversa de direitos e ambições femininas. Precisamos melhorar essa negociação da vida com os homens.

Conselhos para o despertar Primeiramente, escolha bem um parceiro, ou decida se ter um parceiro é importante para você. Depois, a partir disso, combine o jogo entre vocês sobre o que é importante para os dois lados. Outra coisa: as mulheres costumam ser extremamente críticas – eu brinco dizendo que elas devem deixar de se autoflagelar. Elas acham que têm de fazer escolhas entre vida pessoal e profissional, quando homens e mulheres bem-sucedidos levam uma vida integrada. Por último, faça bem cada atividade à qual você se dedica, em casa ou no trabalho, procurando administrar bem o nível de estresse. Hoje, por exemplo, eu procuro equilibrar as minhas atividades em um nível mais saudável.

MAIS SOBRE ELA

Qual é a sua formação?
Sou designer, formada pela PUC – Rio, com mestrado em Visual Communication no Pratt Institute, em Nova York, e especialização em Branding na Kellogg School of Management. Em 2015, formei-me no curso OPM (Owner/President Management Program), na Harvard University.

Que líderes a influenciaram?
Adoro biografias, e li de tudo – de Rita Lee a Keith Richards, passando por Steve Jobs e Marcel Duchamp. Sempre me influenciei pelas histórias das pessoas. Também admiro muitos filósofos líderes, como Spinoza e Nietzsche – aliás, sempre busquei o percurso sinalizado por eles, me perguntando o que eles teriam de especial para deixar uma marca no mundo.

O que é sucesso para você?
Antes não dava muita bola para o sucesso – a gente tinha reconhecimento, mas eu não celebrava muito - e o grupo me cobrava bastante. Aos 53 anos, eu posso dizer: com certeza, eu tenho uma história de sucesso. Afinal,

eu me propus a fazer algo e fiz; mudei e continuo evoluindo, impactando muitos clientes.

Como você lida com fracasso?
Eu lido com fracasso como um incômodo reflexivo. Sempre me questiono bastante no que poderia ter feito diferente. Sou bastante crítica, sempre acredito que a responsabilidade recai sobre nós. Mesmo quando parece um fator imponderável, como uma doença, penso em como poderia ter evitado uma situação de estresse que me deixou vulnerável. Claro que existe o imponderável, mas esse tipo de reflexão leva ao aprendizado. Se o fracasso não levar a uma reflexão pessoal, não gera aprendizado. Outra visão com que me identifico é que fracasso não é dar certo ou errado, mas é algo capaz de alcançar todo o seu potencial de vida. Se você é uma pessoa com todos os recursos e não consegue fazer nada de impacto no mundo, isso é, de fato, um fracasso. Isso também sempre me pauta pelo que posso fazer com meu potencial e, por algum motivo, não estou conseguindo desenvolver. Isso, para mim, é fracasso.

Qual é a melhor e a pior parte de ser líder?
A pior seria lidar com os dias ruins, que sempre existem, e tentar impactar o mínimo possível o andamento da empresa. A melhor é a capacidade de mudar, de construção, de impactar os negócios e as pessoas.

Na velocidade do mundo hoje, como você se mantém atualizada?
Leio muito e faço parte de grupos, que me possibilitam capacitação constante. A Laje é uma grande fonte de informações e faço cursos acadêmicos. Enfim, estou sempre buscando...

Onde e como você busca inspiração?
Na família e nos meus filhos, que me mudam e me desafiam o tempo todo. Também no trabalho, em cada desafio de cada cliente. E em leituras, museus e viagens, que permitem trocas culturais. O aprendizado, no fundo, é a única forma de mudança.

A liderança feminina que inspira a todos é...
Integradora, que une os dois lados do cérebro, a razão e a emoção.

ANA FONTES

Ela já esteve com a chanceler alemã Angela Merkel, durante reunião do G-20 na Alemanha, e recebeu um prêmio da revista americana *Fortune*. Essa alagoana de um povoado chamado São José da Tapera é o retrato fiel do nosso Brasil criativo, empático e vencedor.

Ana Fontes é a oitava de dez filhos de uma dona de casa e um pescador, que migraram para São Paulo com o sonho de uma vida melhor para a família. Era apenas uma menina de Diadema quando começou a trabalhar em casa de família para engordar a renda do seu lar. Ainda que os obstáculos se multiplicassem a cada passo do caminho, ela nunca se curvou ou desistiu. Serviu-se da garra e do desejo existente dentro de si para desviar, superar, descobrir e seguir em frente.

Com suor e ousadia, Ana passou do chão de fábrica a publicitária e executiva de multinacional, à frente de mais de uma centena de pessoas. Porém, aos olhos dela, a vida não estava ganha. Por iniciativa própria, trocou aquela segurança por uma missão incerta, porém alinhada à sua vontade de fazer diferença na vida das pessoas. A coragem desta empreendedora da vida sempre foi proporcional ao seu senso de justiça, que lhe rendeu repreensões, mas nunca arrependimentos.

Ao ser selecionada pela Fundação Goldman Sachs para um curso de empreendedorismo, ela criou um *blog*, uma solução prática e fácil, para incluir centenas de inscritas que não puderam participar do programa. Para cumprir seu propósito, passou noites em claro, compartilhando o que aprendia nas aulas na Fundação Getúlio Vargas na Rede Mulher Empreendedora, onde à qual emprestou seu carisma e sua linguagem sincera, direta e afetiva.

Ana é a mais verdadeira prova de que liderança não é uma questão de autoridade, mas de inspiração. Com sua voz suave e olhar determinado, ela estende a mão para mulheres, que retribuem com a mesma energia, vontade e vibração, formando uma rede que conta hoje com seis funcionárias, 100 voluntárias e 350 mil empreendedoras dispostas a se desenvolver para fazer a diferença na vida das pessoas.

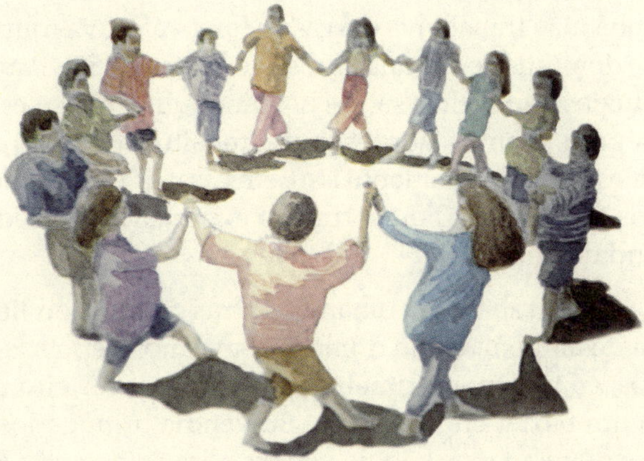

Ana me recebeu na sede da Rede Mulher Empreendedora, de onde se observa a pista do Aeroporto de Congonhas. Cada avião que decolava reforçava a ascensão dessa Líder Alfa. Transcrevo aqui os principais trechos.

`Empreendedora da vida` Eu digo que todo nordestino quando nasce já é empreendedor, porque precisa sobreviver. Meus pais migraram para São Paulo, em 1970, com oito filhos, em uma viagem de ônibus de três dias. Isso é empreender – nós sobrevivemos lá, no caminho todo para cá e, finalmente, em uma cidade grande como São Paulo. Dos dez filhos que meus pais tiveram, dois morreram no Nordeste, por questões da seca. É por isso que sou empreendedora da vida, é preciso sobreviver, chegar em algum lugar e superar essa jornada.

`Vida nova` Minha mãe trabalhava em casa e fora – passava roupa, trabalhava de doméstica e em uns porões no centro de São Paulo onde se produzia roupa. Hoje são os bolivianos que fazem esse trabalho; na época, eram os nordestinos. Trabalhava dez horas, em regime de escravidão; enquanto isso, em casa, os mais velhos cuidavam dos mais novos. Foi a primeira experiência em rede, a gente se ajudava muito.

`Primeiro emprego` Eu trabalhava olhando outras crianças ou limpando a casa de alguém, como doméstica mesmo. Depois, aos quatorze anos, eu tive meu primeiro emprego com carteira registrada, em um bazar, em Diadema. Eu vendia brinquedos e odiava. Gosto de falar, mas não de vender para as pessoas. Eu saí desse bazar para trabalhar em uma fábrica de brinquedos, em um bairro que se chama Serraria. Fui trabalhar no chão de fábrica, era peão, com a função de encher os brinquedos infláveis e testá-los em uma piscina para detectar bolhas.

`Educação` Minha mãe falava que eu tinha que obedecer, ter respeito pelas pessoas, cumprir os horários, estar apresentável. Eu trabalhava na fábrica de dia e estudava à noite, sempre em escola pública.

`Escolhas` No terceiro ano de faculdade, eu fui selecionada para um estágio, mas ia ganhar menos do que recebia. Eu vivi um dilema, optei pelo estágio e em abrir mão de mais coisas. Foi a melhor decisão. Fiquei dois anos como estagiária, por isso não conseguia pagar a faculdade, e fui depois a única a ser contratada como terceirizada. Fiquei superfeliz!

Preenchendo lacunas Eu tinha muita capacidade, mas me faltavam duas coisas essenciais: eu não falava inglês e não tinha escola de primeira linha. Eu era eliminada no começo de todos os processos de promoção ou de melhoria. Eu me frustrava, ficava muito chateada, mas não desistia. Fiquei muito amiga do diretor geral, para quem perguntei o que era possível fazer, já que o passado eu não podia mudar. Ele me disse para arrumar uma forma de melhorar o meu currículo. Paguei, então, do meu bolso uma pós-graduação na Escola Superior de Propaganda e Marketing (ESPM), que era uma super-referência. Fiz inglês simultaneamente, mas, como não evoluía, eu pedi uma licença de quatro meses, aproveitando que tinha acumulado banco de horas. Ele me concedeu a licença, sem ser remunerada, e me arrumou um estágio em Londres. Eu fiquei lá três meses e pouco para melhorar meu inglês.

Vida executiva Eu estava no nono mês de gravidez quando fui promovida. Eu fiquei dois meses em casa, quando começaram a me ligar. Senti aquela culpa e voltei. Minha cabeça estava louca: eu lutei para ter o cargo de executiva e para ter minha filha. Eu ficava muito dividida. Não tinha outras mulheres para conversar ou com quem trocar. Meu marido virou pai e mãe junto comigo. Sem a minha segunda rede de apoio eu não teria conseguido.

Desilusão Eu esperava uma promoção que não veio para mim, que tinha cumprido 130% dos meus objetivos, mas para um par meu, homem, que tinha cumprido 100% dos objetivos. Eu não entendia que isso era uma discriminação, que eu não fazia parte do universo deles. Eu me masculinizei, e disso eu me arrependo, mas era o possível, era para sobreviver. Eu tinha consciência de que não era certo, porque aquilo me incomodava muito. Eu sempre fui uma pessoa de buscar justiça, comportamento que me rendeu muitas críticas no mundo corporativo. Eu tinha uma voz ativa e me falavam que eu tinha que ser mais política e fazer coisas que eu não acreditava. Antes disso, eu já tinha ido conversar, junto com o RH, com o diretor de uma área, que disse na minha cara que meu perfil era perfeito, mas eu era mulher. Ele entendia que, para entregar os objetivos, tinha que bater na mesa e ser agressivo. Eu também era a única executiva que almoçava com funcionários, porque eu era excluída do grupo de executivos. Era tudo muito complexo.

Mudança Eu fui preparando isso dentro de mim durante um ano. Estruturei a área, preparei sucessores, organizei processos. Em dezembro de 2007, eu falei para o meu vice-presidente que ia embora. Estava muito tranquila. Só pedi uma coisa: eu não o queria junto comigo para falar com os meus funcionários, porque eu tinha uma relação de cumplicidade com todos. Foi uma choradeira só! Eu tinha consciência de que era uma escolha, tinha um senso de justiça e não me via ali mais cinco ou dez anos. Eu queria mais, fazer mais pela sociedade, pelas pessoas.

Pausa Eu fiquei uns oito meses em casa sem saber o que queria fazer – se ia empreender ou ir para uma outra empresa. Vivi dois meses de luto, afinal trabalhei boa parte da minha vida profissional dentro de uma grande corporação. Depois eu me acalmei e fui aproveitar: ficar com a minha filha, ficar em casa e retomar o contato com os amigos, porque, quando você fica muito tempo no mundo corporativo, você abandona as pessoas que estão à sua volta e não são daquele universo.

Primeiro negócio Minha primeira empreitada no mundo dos empreendedores foi em 2008. Eu e dois amigos criamos um *site* de elogios na internet. Eu faço uma palestra só sobre os erros que cometi e acho importante mostrá-los. Não tenho vergonha nenhuma, porque aquilo me transformou no que eu sou hoje.

Oportunidade Eu me inscrevi no programa da Fundação Goldman Sachs sem acreditar que seria selecionada. No primeiro dia de aula, eles contaram uma coisa que me incomodou muito: tinham recebido mil inscrições e nós éramos as 35 felizardas a receber três meses de capacitação na Fundação Getúlio Vargas. Na minha cabeça era assim: eu era uma das 35, mas e as 900 e tanto? Tive a ideia de começar a escrever o que aprendia no curso em um *blog* como forma de passar o conteúdo para mais mulheres. Consegui voluntárias e, em três meses, 10 mil pessoas seguiam os conteúdos. Quando abri uma página da Rede Mulher Empreendedora (RME) no Facebook, eu já tinha, em seis meses, 50 mil mulheres; em um ano, 100 mil empreendedoras. O negócio não parava de crescer. Um dia o SEBRAE me chamou para saber o que fazia e eu expliquei que usava uma linguagem de empreendedora para empreendedora. Eu não falo de Demonstração do Resultado do Exercício (DRE) para elas, mas como farão para organizar as finanças. A nossa linguagem fez diferença para a evolução do trabalho da rede.

Crescimento Como eu não conseguia responder uma a uma, eu coloquei todo mundo em um grupo fechado e a dúvida de uma era respondida por quem soubesse. Não sabia que isso tinha o nome de *crowdsourcing*, o mutirão da colaboração. A nossa medida de sucesso é que elas tenham sucesso.

Rede feminina É um mito falar que as mulheres não se ajudam. O que tem de história de mulher que pega na mão da outra para ajudá-la é, para mim, uma das coisas mais incríveis. O segundo ponto é o quanto as mulheres são guerreiras e fazem pela vontade de fazer diferença na vida. O terceiro ponto é que, quando a gente não olha ao redor, nós temos a tendência de achar que somos as únicas a ter problema. Isso é cultural. Então, olhar para a outra faz uma diferença enorme.

Motivação As mulheres têm um espírito de liderança mais humano. A gente olha para o negócio e para as pessoas como gente – afinal, nós fomos criadas para cuidar das pessoas. Quando você pergunta para um homem por que está abrindo um negócio, sua motivação é dinheiro; para a mulher, os cinco primeiros motivos estão relacionados ao emocional, como mudar o mundo, construir algo para alguém, trazer melhor qualidade de vida. Os homens não estão errados, mas nós sempre trabalhamos com elas que é preciso ganhar dinheiro também. A gente não doura a pílula: esta é uma vida de muita luta, de muito trabalho, de muita coisa que dá errado ou que não é rotina, mas é uma vida de possibilidades. Quando você está empreendendo, você tem uma única certeza, principalmente quando tem funcionário: você tem conta para pagar.

Realidade Empreender não é uma corrida de curta distância, é uma maratona com obstáculos. Eu não conheço um empreendedor que deu certo antes de cinco anos, em alguns casos, os mais incríveis, foram de sete a nove anos para dar certo. É uma vida muito sofrida, bastante complexa, mas é incrível porque você pode mudar a vida de outras pessoas do seu jeito. É o mundo das possibilidades.

Flashback Não é o dinheiro, é a jornada que faz uma superdiferença. As minhas filhas saberem que a mãe delas está fazendo alguma coisa para mudar o mundo. Meu sonho de menina era ter uma casa, hoje é ajudar cada vez mais mulheres para que as minhas filhas não tenham que esperar mais de 100 anos para ter um mundo melhor.

Futuro do trabalho O modelo corporativo como existe hoje não se sustenta. Eu vejo o mundo das empresas trabalhando em colaboração para representar um papel na sociedade. Não consigo pensar em um futuro sem ter todos os atores pensando em um único propósito.

Gerações Os dilemas relacionados ao equilíbrio da vida pessoal e profissional são os mesmos, assim como a questão de lidar com dinheiro é comum a todas as mulheres – não importa se ela tem um negócio dentro de casa ou se ela fatura cinco milhões por ano. Nós fomos criadas pela sociedade para achar que o território do dinheiro não é nosso. A gente cuida das contas de casa, mas tem medo de cuidar das contas da nossa empresa. Então, nós temos incentivado as mulheres a olhar para as finanças. Não é um bicho de sete cabeças, não tem uma questão cognitiva ou de capacidade, é uma questão de construção da sociedade para que o dinheiro não seja nosso território.

Liderança Eu sempre fui uma pessoa agregadora. Gosto muito de juntar as pessoas e fazê-las se encontrar. Eu me identifico com uma liderança que conecta as pessoas, é isso que faço melhor. Esse modelo colaborativo ficou mais evidente quando virei empreendedora.

MAIS SOBRE ELA

Qual é a sua formação?
Sou formada em Publicidade pela Anhembi Morumbi, pós-graduada em Marketing pela Escola Superior de Propaganda e Marketing (ESPM) e em Relações Internacionais pela Universidade de São Paulo (USP), além de ter concluído o Programa de Desenvolvimento de Executivos da Fundação Dom Cabral.

Que líderes a influenciaram?
Tanta gente maravilhosa. Gosto muito da Luiza Helena, da Sônia Hess, da Camila Achutti, Rachel Maia, Preta Rara, Karol Conka, Anitta. Eu admiro muita gente, principalmente pessoas que estão quebrando muros e construindo pontes.

O que é sucesso para você?
É ser feliz, é me sentir bem comigo, é quando eu boto a cabeça no travesseiro e acho que estou fazendo as coisas direito. A melhor medida de sucesso é ter duas filhas que têm valores de vida, que não são apegadas a coisas, mas a valores.

Como você lida com fracasso?
Eu escancaro o fracasso. Para mim é aprendizado. Eu não tenho dificuldade de falar de fracasso, não.

Qual é a melhor e a pior parte de ser líder?
A melhor parte é saber que está ajudando as pessoas. A pior é o senso de responsabilidade. Eu fico muito feliz quando as pessoas dizem que a vida mudou por minha causa, mas sinto também o peso da responsabilidade. O meu papel, para mim, não é formar seguidores, mas formar outros líderes, porque é disso que o Brasil precisa.

Na velocidade do mundo hoje, como você se mantém atualizada?
Eu leio muita coisa e sou viciada em jornal de TV. Se pudesse ficaria ligada em um canal de notícias o tempo inteiro. Trabalho também muito com redes sociais, sempre com a preocupação de saber a fonte da notícia.

Onde e como você busca inspiração?
Todos os dias, nas mulheres que eu vejo, nas pessoas que eu encontro. Eu converso no elevador, no táxi, no metrô. Minhas filhas me ensinam coisas incríveis, porque elas vivem um outro mundo. Aprende-se muito quando os ouvidos estão verdadeiramente abertos e quando você não discrimina.

A liderança feminina que inspira a todos é...
Inclusiva.

ANA MICHAELIS

É muito fácil para mim falar da Ana Michaelis. Minha irmã sempre foi dotada de uma capacidade de transformação que se aplica a dilemas, a pessoas, a uma tela em branco e até a si mesma. Essa característica se manifestou cedo e, por isso, quando ela trocou a faculdade de Arquitetura pela de Artes, a família não tinha outra escolha além de apoiá-la. Nós conhecíamos a força da sua coragem e da sua determinação, expressa da forma mais sutil e envolvente possível. Sabíamos que a escolha não era aleatória, mas a expressão genuína do seu dom.

Acompanhar sua trajetória é um privilégio. Ana já participou de mais de 80 exposições, entre essas individuais e/ou coletivas, no Brasil e no exterior. Assinou a ilustração de três livros paradidáticos – *Bichos da minha casa*, *Bichos de jardim* e *Bichos da praia*, todos da Coleção Bichos. Como observadora, não só como irmã, vejo que sua disciplina e desejo a impedem de ver fronteiras no seu trabalho, seja como artista plástica, seja como educadora. Somente em 2017, dividiu-se entre mais de 70 alunos que frequentam os cursos promovidos no seu estúdio e o desafio da Galeria Art Lounge, de Lisboa, de criar novas pinturas *in loco*, com a presença e interação do público.

Nesta entrevista, esta líder Alfa esclarece mitos sobre a criatividade e sobre o trabalho artístico. Como artista e educadora, ela gosta de provocar a reflexão, principalmente sobre o mundo poluído em que vivemos. De acordo com a Cumulus Media,[7] são produzidos mais de 46,2 mil *posts* no Instagram, enviados 16 milhões de SMS, visualizados 4,1 milhões de vídeos no YouTube e baixados 340 mil aplicativos, tudo isso por minuto!

Ana mostra, acima de tudo, que a liderança genuína se reflete automaticamente em todos os papéis da vida – até no esporte. Preocupada em se expressar e não em impressionar, ela cria conexões tão naturais que sua liderança pode passar despercebida pela protagonista, mas não por quem está ao seu redor.

---

[7] DESJARDINS, Jeff. What Happens in an Internet Minute in 2017? Visual Capitalist. 02 ago. 2017. Disponível em: <https://goo.gl/P1kAYw>. Acesso em: 16 jan. 2018.

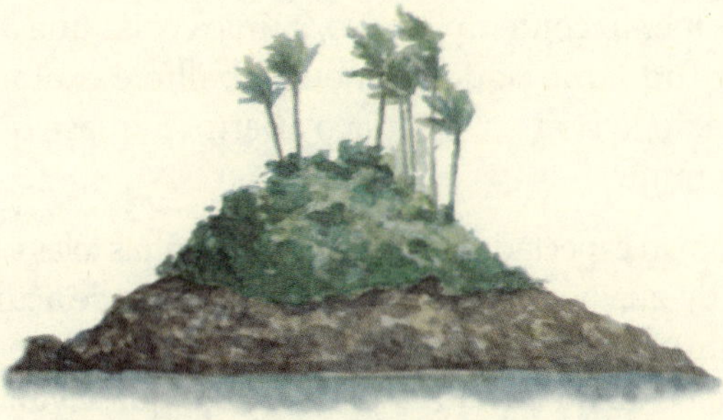

Aos sábados, o ateliê de Ana fica silencioso. O som dos alunos é substituído pelo dos passarinhos, que brincam nas árvores frutíferas da rua. Foi o ambiente perfeito para o bate-papo com a minha irmã.

Premissas Criatividade é liberdade. Quando você é livre, você cria. Criar na arte é ultrapassar técnicas e conceitos pré-estabelecidos e procurar outros caminhos.

Homem e mulher A sensibilidade é diferente, independentemente de ser homem ou mulher. A minha sensibilidade é diferente da sua, que é diferente da de outras pessoas. A criatividade é inerente ao ser humano, não ao gênero.

Influência Nós vivemos em um mundo de acúmulos: de imagens, textos, mensagens, tarefas. Não há espaço aberto para o nada. Nesse nosso momento contemporâneo, a única coisa que a gente faz é acumular tudo que pode. O meu trabalho é exatamente o oposto, é o vazio, o branco, o espaço aberto. É quase que um equilíbrio para mim.

Intenção A fruição do espectador em relação às minhas telas é tirá-lo dessa sensação de quase sufocamento da nossa vida de acúmulos e levá-lo para um espaço, que é uma outra realidade quase vazia. Ele tem que olhar e tentar encarar aquele espaço quase vazio. Por isso que as pessoas olham para o meu trabalho e se sentem tão bem: é quase um respirar para o mundo que nós temos.

Processo criativo A primeira preocupação é em ser livre de qualquer amarra – de vender, do mercado de trabalho, se vão gostar ou não. Eu sempre falo que o artista é o único que, quanto mais vai passando a idade, mais ele atinge esse objetivo de criar livremente. É claro que existe experiência, mas ir atrás da liberdade da sua própria expressão será sempre uma grande batalha.

A mulher na arte Na História da Arte, a mulher sempre foi excluída, e isso acompanha obviamente a trajetória do papel da mulher. Nas vanguardas europeias, por exemplo, você encontra pouquíssimas artistas. No meio do século XX, a mulher toma mais força e, com mais segurança, consegue se sobressair. Hoje nós temos artistas importantíssimas, em número considerável, cujo valor no mercado de arte é maior que o dos homens. Posso dar dois exemplos jovens do Brasil que são Adriana Varejão e Beatriz Milhazes.

Jovens Essa geração que está vindo consegue trabalhar com acúmulo muito facilmente. Eles são extremamente conectados, sabem muito de tecnologia, são rápidos, mas também estão muito interessados em aprender técnicas milenares, como uma xilogravura, que é uma técnica chinesa que trabalha a madeira. É totalmente manual, tato e matéria. Eu trabalho muito com eles a falta de resultado imediato, de se ter um processo para se chegar a um resultado e esse processo ser, às vezes, muito difícil. O meu papel é mostrar que eles podem ir passo a passo, lentamente, e que, a cada momento, eles vão dominar um pouco mais.

Diálogo entre gerações Para mim, agora sim, porque já estou há 34 anos trabalhando com arte e educação. Eu trabalhei em uma escola particular durante 25 anos, dando aulas de Artes e de História da Arte, dentro de um ateliê, para 40 alunos. No primeiro dia, eles entravam e olhavam para minha cara, como dizendo "quem é esse ser que está falando na minha frente?". No fim do ano, eu já conseguia conquistar 90% da turma com todo o fascínio que eu tenho por artes. Então, eu tenho uma trajetória de muito tempo, e o tempo lhe dá experiência.

Interação homem-máquina Sim, e um não anula o outro – eles se somam. É a gente que acha o contrário: que o novo vem e anula o velho. Na verdade, os dois andam juntos e essa nova geração consegue enxergar tudo junto. Apesar de todas as novidades tecnológicas, que a gente talvez não conheça tanto, não é por isso que não há interesse por coisas mais conceituais, clássicas, antigas. Eles conseguem agarrar tudo e dão conta, é a gente que não.

Interferências no ambiente Sim, porque o tempo inteiro a gente muda tudo. Você traz para dentro da sala de aula informações que a gente levava uma semana para preparar. É tudo muito rápido e essa velocidade ajuda muito na aula. O ponto é: você não pode rejeitar, você precisa incorporar.

Alfa A liderança é essa influência, é mudar o caminho daquela pessoa, mostrar outros e fazê-la pensar de uma forma que mude a ação dela.

Intuição É uma característica feminina e da arte, principalmente. Os artistas precisam ser intuitivos, porque entram em um túnel escuro sem saber onde vai dar. O que move o artista é o desejo, é a emoção, é a vontade de se expressar. E ele trabalha com a intuição para isso.

A descoberta da artista Não teve um momento, mas um caminho que fui trilhando a partir do que eu queria. Eu conto para os meus alunos que, quando tinha nove anos, fiz aula de pintura de porcelana com uma amiga e um grupo de velhinhas. Só que a gente pintava muito mal e a professora arrumava tudo. A gente levava para casa, os pais achavam lindo e a gente, o máximo. Esse foi o primeiro contato com pincel, com tinta, com imagem e com materiais diferentes, o que me chamou atenção. Não foi esse o momento que me fez virar artista, porque a minha primeira faculdade foi de Arquitetura. É engraçado, porque minha mãe dizia que eu era uma artista e eu respondia que nunca faria Artes Plásticas, porque ia morrer de fome. No segundo ano, eu dei um chute no curso de Arquitetura. Chamei meu pai para expor minha decisão e, além de me apoiar, ele me deu um conselho precioso e determinante para minha carreira, ao propor que eu procurasse um artista que admirasse para entender com ele a profissão que tinha escolhido. Foi exatamente isso que fiz. Fui trabalhar como assistente de um pintor famoso. Decidi que era melhor ser uma boa artista plástica que uma péssima arquiteta. Tive muita sorte por ter pessoas que me apoiaram e por conseguir trilhar esse caminho.

Medo Quando se é jovem, a gente não sente medo nenhum e eu vejo isso nos meus alunos. Eu aluguei meu ateliê com mais quatro pessoas e saí pintando, desenhando e trabalhando o dia inteiro. Também me virei trabalhando em livraria, papelaria e em festa de criança, até começar a dar aula. Quando se é jovem, você não pensa se será difícil ou não, você faz. Não existe problema. O problema se coloca à frente quando a gente já está com uma certa maturidade.

Visão de futuro Eu vejo a vida como uma expansão e eu quero continuar me expandindo como artista – fazer outras exposições, acabar o meu livro e, principalmente, pintar obras que me ajudem a avançar na minha criação. Isso é muito importante para mim.

Maratona É engraçado, mas a maratona tem muito a ver com a pintura, porque você entra em um estado de meditação. Eu fico quatro horas pintando sem parar. Não é um transe, mas um outro estado de concentração que a maratona tem igual.

Benefícios Concentração, autoestima, introspecção, força. É corpo e mente virando uma coisa só. Aí está uma diferença entre homem e mulher. O homem é fisicamente mais forte, mas, quando exige esse controle da cabeça, a mulher supera. Na corrida, o que rege é a mente. Se você acredita naquilo em que está se colocando, você obedece.

Maratona artística A última foi em Lisboa, onde eu pintei uma tela de seis metros de comprimento por dois metros e meio de altura. Eu tinha um tempo determinado, de duas semanas, para terminar. E sem errar, porque não havia tempo para consertar. Nestes casos, você precisa contar muito com a sua experiência, com o que você sabe que vai dar certo, com o que pode dar errado e com muita transpiração. Eu chegava às 9 horas e saía às 18 horas, sem parar. Isso é quase um treino para uma maratona. Certa vez, nos Estados Unidos, eu tive doze dias para pintar uma parede de 15 metros de comprimento por 3 metros de altura. Eu fiquei com uma epicondilite nos dois braços, porque eu pintei tanto, era tanto movimento, que me rendeu depois três meses de fisioterapia.

Rotina de artista Eu sou uma trabalhadora de fábrica. Todo mundo tem uma visão de artista, que é aquela do fim do século XIX, que põe a boina, olha para a tela e diz: "Hoje estou inspirado. Será que eu pinto aquilo ou aquilo?". Isso não existe. O artista é um trabalhador como outro qualquer: ele tem que produzir, trabalhar e desenvolver. Depende da intuição e da inspiração, mas ele só consegue isso se trabalhar muito – às vezes mais que em outras profissões. Eu, normalmente, chego no ateliê por volta das 8 horas da manhã, saio ao meio-dia, às 13h30 eu já estou de volta e continuo trabalhando até às 19 horas. Dois dias por semana, eu dou aula até mais tarde – saio às 21h30 do ateliê.

Carreira e família Quando você tem filhos pequenos, a dedicação, principalmente da mulher, é muito grande. Quando o meu primeiro filho nasceu, eu mudei o meu ateliê para a garagem do vizinho da frente. Eu descia a escada e ia trabalhar; subia a escada e dava de mamar. Você aprende a equilibrar. Toda mulher aprende. Não existe uma fórmula padrão – depende de como funciona a casa, o marido, os filhos, a mulher. Cada um tem a sua fórmula e a maneira de equilibrar esses pratos todos.

Despertar das mulheres Falta confiança. Acreditar em você e no que você faz é o primeiro passo. Eu falo muito isso para os meus alunos: acredite no seu olho, acredite na sua intuição, trabalhe com esse sensível que não é palpável. A mulher tem muito isso e, na hora que ela acredita e confia, ela avança.

MAIS SOBRE ELA

Qual é a sua formação?
Artes, no Centro Universitário Belas Artes de São Paulo.

Que líderes a influenciaram?
Tem vários. Na minha vida pessoal, a minha irmã pela força, pela energia, pelo desejo, como ela é uma mulher de presença que quer fazer acontecer. Na minha profissão, são artistas como Frida Khalo e Georgia O'Keefe. São mulheres que fizeram pinturas extremamente femininas.

O que é sucesso para você?
É você chegar aonde você quiser, é perceber que você conquistou aquilo que tanto desejava.

Como você lida com fracasso?
O fracasso é importantíssimo, porque te mostra o outro ângulo da história, como agir, para que lado ir. Acho que, às vezes, eu acredito mais no fracasso que no sucesso. É dele que a gente segue em frente.

Qual é a melhor e a pior parte de ser líder?
A pior parte é sofrer com as pessoas que você está influenciando – você quer que elas consigam tudo aquilo que você ensinou. A melhor é o caminho, é o processo, começou de um jeito mas terminou de outro. Ali existiu uma ação modificadora, que eu influenciei, e é muito importante mostrar isso.

Na velocidade do mundo hoje, como você se mantém atualizada?
De todas as formas possíveis. Primeiro, com os meus alunos; depois, eu busco o máximo de informação que consigo, tomando o cuidado para não ser só um acúmulo de dados, mas que me levem a um conhecimento.

Onde e como busca inspiração?
Antigamente eu buscava fora; agora eu busco dentro de mim. Isso também vem muito do meu amadurecimento como artista.

A liderança feminina que inspira a todos é...
Uma força capaz de mudar tudo.

MULHER ALFA

CRISTINA PALMAKA

Quando pensei nesse livro, Cristina Palmaka foi uma das primeiras líderes a me vir à mente. Nossos caminhos se cruzaram, pela primeira vez, há quinze anos. Trabalhávamos para empresas concorrentes que decidiram unir forças. Quem já passou por uma fusão sabe que esse processo nunca é fácil: o ar é preenchido mais pelo medo da mudança do que pelo potencial do negócio e de oportunidades. A influência positiva de Cristina, no entanto, já se fazia notar. Ela trazia para ambientes tensos carisma, bom humor, assertividade e inteligência.

Desde então, nossas carreiras se entrelaçaram, pelo menos, mais duas vezes. Cristina, que começou a trabalhar com dezesseis anos, passou por várias posições, em diferentes empresas, até alcançar o topo do mundo corporativo. Hoje é CEO de uma multinacional de tecnologia, um campo onde 80% dos mais de 580 mil profissionais de TI que atuam no Brasil[8] são homens, de acordo com a Pesquisa Nacional por Amostra de Domicílios (PNAD). É também casada com um executivo, com quem tem uma filha e uma cachorrinha. Equilibra a vida com garra e resistência, conquistadas com um ritmo próprio, durante as corridas que servem a ela como terapia. Emociona-se ao falar da família que construiu e também das suas raízes. São os seus valores a base da sua "caixa de ferramentas", analogia que usa para explicar a sabedoria interna a que recorre para fazer escolhas e tomar decisões.

Cristina gosta de se cercar de pessoas e se dedica com afinco a elas, que ajudam a materializar seu legado. Como líder de multinacional ou mentora da nova geração, gosta de cultivar nos outros a descoberta e o desenvolvimento de quem são. O desejo de ser e fazer melhor alimenta seu sistema operacional e inspira quem está ao seu redor.

---

[8] IDG NOW! Especial: conheça mulheres inspiradoras da área de TI. 08 mar. 2017. Disponível em: <https://goo.gl/oqeXoH>. Acesso em: 16 jan. 2018.

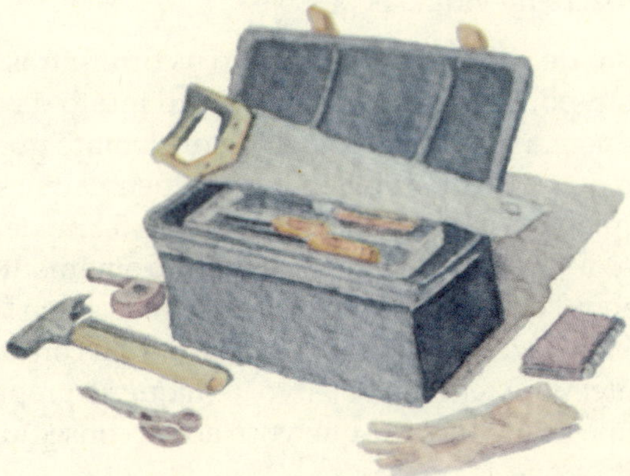

Mesmo com a agenda tumultuada pelo fechamento de fim de ano, Cris me recebeu em sua casa, em uma segunda-feira, antes de ir para o trabalho. Provou que, com planejamento e definição de prioridades, é possível realizar muito. Transcrevo aqui os principais trechos.

Tecnologia da Informação Minha tese de MBA foi sobre o impacto da internet, ainda em seu início, nos varejistas tradicionais, e Tecnologia tornou-se algo que fui gostando. Depois que entrei nesse segmento, eu o achei muito dinâmico e desafiador, já que a cada três meses lançávamos um produto diferente. Essa é a beleza da tecnologia: nos permitir estar sempre nos reinventando. Já estou nesse segmento há dezessete anos, sempre em uma área diferente, e percebi que me apaixonei por essa possibilidade de causar tanto impacto na vida das pessoas.

Desafios Eu gosto de estipular um objetivo e correr atrás. E a maratona tem um pouco disso, também. Gosto muito da analogia do esporte com a vida corporativa. Eu me lembro que, na primeira vez em que fui correr uma maratona, pensei que seria impossível completar os 42 km; daí comecei com 5 km, depois 10 km, e fui aprendendo a me preparar, com treinamentos e alimentação. Depois, quando você completa a prova, a sensação é que você consegue fazer qualquer coisa. No mundo corporativo não é diferente: você tem um objetivo, tem que se preparar, reunir uma equipe muito boa, até que você acaba conseguindo conquistar aquilo a que se propôs.

Universo masculino Normalmente eu sou a única mulher nas reuniões, mas eu nunca levei isso muito em consideração e nunca achei que isso fosse um problema. Talvez, em virtude de alguns dos meus valores, já que meu pai sempre me ensinou a nunca depender de ninguém – em casa, com meus dois irmãos, sempre fomos tratados de maneira igual. Se na minha casa era assim, eu achava que o mundo era da mesma forma e, talvez por essa "ignorância" de achar que tudo era igual, eu nunca me senti diferente ou menor, mesmo sendo a única mulher em uma reunião. Vivo essa experiência profissional desde os dezoito anos. Na verdade, sempre vi o lado positivo dessas situações: em uma reunião com muitos homens, os nomes deles podem ser confundidos ou esquecidos, mas da única mulher todos se lembravam. Acho que tem muito da pessoa não se sentir inferior ou despreparada, mas saber que se trata apenas de uma situação diferente. Acredito que as novas gerações trabalham essas diferenças melhor que as anteriores. Esse é um trabalho de evolução da sociedade.

Lideranças Depois de ter um chefe homem, tive uma líder mulher em meu início de carreira, que foi muito inspiradora, já que era muito tranquila e madura, mesmo em uma época, nos anos 1990, em que havia muito poucas gerentes mulheres. Não senti nenhuma diferença de tratamento entre eles. Hoje eu lidero mulheres e homens, mas eu entendo que lidero talentos. Em tecnologia, essa diversidade, até de pensamento, é fundamental. Atualmente temos muitas jovens entrando nesse segmento, com uma mentalidade diferente. Como líder, eu olho sempre o talento, independente da origem, do gênero, da idade. Esse é o nosso trabalho como líder: construir esse ambiente inclusivo.

Ocupação Como mulher, eu tento incentivar as meninas a entenderem esse processo, a participar do ambiente de Tecnologia. É preciso que essa nova geração se interesse pela área de Exatas, porque o mundo vai ser de dados. A inteligência artificial está só começando, criando novas formas de emprego e novas máquinas, que vão fazer parte do dia a dia. Isso não tem volta.

Pessoas x Máquinas Certos movimentos são inevitáveis, e outros são muito positivos. Tem coisas que a máquina faz melhor, especialmente tudo o que for repetitivo, operacional, já que não erra. Essa eficiência e produtividade das máquinas já é uma realidade. E o que vai acontecer com as pessoas? Com o avanço da tecnologia, os trabalhos e empregos vão mudando, como aconteceu no passado – as datilógrafas se tornaram digitadoras, e depois seguiram por outras áreas. Algumas características humanas serão mais importantes daqui para frente: a primeira delas, a criatividade, para fazer o melhor uso possível da tecnologia; a segunda, a empatia, já que, para se achar uma solução disruptiva, é necessário se colocar no lugar do outro; a terceira, a coragem, para testar e se arriscar em algo novo. Todas essas são competências que as máquinas não conseguirão acompanhar.

Vantagem feminina Considerando essas três características mencionadas, acho que temos uma grande vantagem, especialmente com relação à empatia, que nas mulheres costuma ser mais forte. Nesse mundo de transformação e inovação, sem querer reforçar rótulos, acho que as mulheres têm uma contribuição bastante significativa a dar.

Jornada Não existe caminho fácil para se chegar ao topo, independentemente da sua trajetória, seja no mundo corporativo ou um negócio herdado da família. Em primeiro lugar, é resultado de muito trabalho, de dedicação e de escolhas que são feitas, já que o balanço entre vida pessoal e trabalho nunca é 50% para cada lado. Há muito amor e paixão, você vê que as pessoas estão comprometidas com aquele propósito.

Desconstruindo mitos É importante quebrar alguns paradigmas sobre as ambições. Você tem que ter ambição para chegar lá, nada acontece por acaso. Eu sou mentora de várias mulheres e faço questão de dizer que ter ambição não é ruim, assim como *networking* não é ruim. É se ajudar, é criar conexões que, em algum momento, vira negócio ou aprendizado. A gente precisa encontrar tempo para refletir sobre isso: onde se quer chegar. Às vezes, a pessoa não chegou lá porque não é a sua ambição, não a faz feliz. Isso vale para homens e mulheres.

Mala de ferramentas Eu aprendi que não existe um único modelo inspirador do que deu certo. A minha história é o que deu certo para mim; para outros, não. Isso é um pouco da beleza – você olhar diferentes modelos e o que é importante para você para tomar decisões alinhadas aos seus valores. Eles devem ser a sua base, que não são negociáveis, tornando suas escolhas e decisões mais fáceis. Não é preciso discutir, sofrer ou ter culpa; é inegociável.

Mundo corporativo É claro que, ao trabalhar em meio a pessoas, existem aquelas que você respeita mais, outras com as quais você tem mais afinidade; e existem momentos em que você sente um distanciamento com determinada liderança ou processo. É importante saber administrar isso, já que, às vezes, a cultura da empresa estará alinhada ao seu estilo e, outras vezes, não. Voltamos, então, à questão dos valores: eu já deixei de assumir certas posições porque confrontavam com o meu "não negociável". E é bom lembrar que as mulheres também fazem politicagem – algumas, por exemplo, só trabalham com homens. Isso seria certo ou errado? Eu prefiro pensar que se trata de estilo, que deve ser respeitado, mas, no mínimo, é uma mentalidade menos inclusiva.

Legado Eu lidero equipes desde os 24 anos, então o meu legado acaba sendo as pessoas com as quais eu trabalhei. Outro dia estive em uma reunião com um CEO de uma grande varejista e ele me disse que tinha sido meu estagiário, e se lembrava da época em que trabalhou comigo. Isso é parte do meu legado. Assim, primeiramente eu materializo o meu legado através do crescimento do meu time, vendo as pessoas se desenvolvendo, chegando no seu potencial. Em segundo lugar, no sucesso dos meus clientes, quando desenvolvemos um projeto e colhemos um resultado impactante. E, em terceiro lugar, não menos importante, recentemente comecei a fazer parte de um grupo que se chama CEO's Legacy, da Fundação Dom Cabral. São vinte CEOs de companhias e segmentos diferentes que estão preocupados com uma causa que vai além de nossa missão, que é entregar resultados para a companhia que a gente integra. Esse é um projeto que vejo com muito carinho, porque procuramos trocar e trazer experiências do mundo privado para o mundo público. Atuamos em administração, sustentabilidade e educação. Afinal, além de resultado, quero entregar um mundo melhor, diferente, em que os problemas possam ser discutidos de maneira mais amena.

Mais Alfas Eu vejo as mulheres que estão entrando hoje no mercado de trabalho já com várias das características que colocamos aqui, com uma ambição positiva e uma preocupação com a jornada. Antigamente, era preciso puxar mais as mulheres, que ficavam esperando as coisas acontecerem. Para a minha posição de CEO, eu também não sei se estava pronta. Eu não sei se hoje estou pronta, pois somos o tempo inteiro confrontados por mudanças. A grande realidade é que se a pessoa achar que está pronta e descansar, ficou dez passos para trás naquele dia. Temos que reunir competências e, quando não as temos, precisamos ir atrás delas. É preciso que as mulheres saibam que sim, é possível, e de diferentes formas. É preciso instigá-las a ir atrás de seus sonhos e ter mais iniciativa. Se temos essa possibilidade de reforçar essa mensagem de que é importante estabelecer o seu objetivo, trabalhe e vá atrás de seus sonhos, nós podemos colaborar para que tenhamos mais Alfas dentro da nossa jornada.

MAIS SOBRE ELA

Qual é a sua formação?
Sou graduada em Ciências Contábeis pela Fundação Armando Alvares Penteado (FAAP), com pós-graduação e MBA na Fundação Getúlio Vargas (FGV) e extensão na Universidade do Texas.

Que líderes a influenciaram?
Eu sou muito pragmática, e a líder mais próxima que tive foi minha avó, também uma pessoa bastante pragmática e assertiva, que passou por uma guerra, chegou ao Brasil sem nada, e construiu uma família linda.

O que é sucesso para você?
É o equilíbrio de ter uma família legal e uma posição bacana, que impacte as pessoas.

O que é fracasso?
A melhor definição que encontrei: o fracasso é o melhor dos aprendizados. Quando as coisas estão muito bem e tranquilas, as pessoas param pouco para pensar ou refletir. Nos momentos de derrapada, a gente pode fazer a reflexão genuína, mudar alguns rumos, seja de postura ou de aprendizado. É o que faz você ser melhor.

Qual é a melhor e a pior parte de ser líder?
A melhor parte é o acesso que temos à pessoas, talentos e informação; o contato com pessoas e situações diferentes, em que eu aprendo o tempo inteiro. Além disso, liderar equipes grandes e diversas me energiza. A parte menos nobre é que, às vezes, você tem que tomar decisões duras – não sempre solitárias, já que eu gosto de consultar muitas pessoas com quem eu trabalho – mas eu sei que a decisão final é minha, para o bem ou para o mal. Isso te coloca uma pressão maior; mas é por isso que estamos lá, é para isso que a gente se preparou.

Na velocidade do mundo hoje, como você se mantém atualizada?
Esse é o grande desafio – ainda mais em tecnologia, eu sempre tenho a percepção de que estou perdendo alguma coisa. Eu leio muito – começo com jornal pela manhã e vou lendo coisas; até pela natureza da minha posição eu tenho acesso a muita informação, muito conteúdo, muitos casos, e eu sou apaixonada não pela tecnologia em si, mas pelo impacto que ela causa. Leio simultaneamente vários livros e gosto de guardar muitos conceitos. Também procuro conversar com muitas pessoas e escutar, algo que o líder precisa aprender a fazer.

Onde e como busca inspiração?
Livros me trazem inspiração, me complementam e me ajudam a pensar diferente. Leio muito em relação a tecnologia e, muitas vezes, vejo esse resultado se materializar em uma reunião de trabalho. Gosto de ler biografias de líderes para tentar buscar partes que sejam interessantes, para tentar conhecer um pouco das histórias das pessoas e dos meandros que elas percorreram para chegarem a determinadas posições e, assim, vou montando a minha própria jornada. Foi assim que me fiz, sem uma única inspiração ou visão, mas com homens e mulheres com valores com os quais eu me identifico.

A liderança feminina que inspira a todos é...
Complementar. Ela não tem um padrão; é bonita quando se conecta, quando troca e quando complementa. É essa a forma de tirar o melhor dos dois mundos.

MULHER ALFA

GISELA PINHEIRO

Quem disse que ambição é uma característica negativa? Gisela Pinheiro é como o sol que ela tanto gosta: espontânea e energizante, é capaz de iluminar qualquer ambiente com sua inteligência e competência. É também dinâmica e fã de uma competição. É essa vontade de vencer e, principalmente, de ser feliz que a torna tão autêntica.

A economista acostumou-se cedo a ser a única mulher na sala e tornou essa a sua vantagem competitiva. Com sólida experiência em finanças, auditoria, gestão de negócios e estratégia corporativa, ela ocupa hoje o cargo de vice-presidente em uma indústria química, onde lidera unidades de negócios e discussões sobre inclusão no mercado de trabalho.

Em um país onde 61% dos funcionários LGBT[9][10] preferem omitir sua sexualidade para colegas e gestores, ela fala com naturalidade sobre o assunto. Homossexual, Gisela é casada e mãe de uma linda menininha. Não pede desculpa nem licença por ser e para ser quem é. Como a mandala que decora sua sala, ela cria integração e harmonia por onde passa ao valorizar as diferenças e singularidades de cada um com quem convive. É assim na sua casa, é assim com as 600 pessoas que lidera.

Com fala mansa e acelerada, esta mineira já morou no Rio e nos Estados Unidos, antes de se estabelecer em São Paulo. É assertiva e resiliente, capaz de falar dos seus defeitos com a mesma facilidade com que lista suas qualidades. É, acima de tudo, movida por uma filosofia muito simples e, ao mesmo tempo, muito difícil de ser colocada em prática: *ser feliz*. É isso que a mantém em qualquer lugar, é isso que a faz tirar proveito de cada minuto e cada experiência da vida – seja ela profissional, seja pessoal. É assim que ela procura acelerar a diversidade, alavancar o ambiente, liderar pelo exemplo e usar sua energia para um mundo mais amplo e inclusivo.

9 Lésbicas, Gays, Bissexuais, Travestis, Transexuais e Transgêneros.
10 BELLONI, Luiza. 61% dos LGBTs do país escondem sua orientação no trabalho. Exame, 04 fev. 2016. Disponível em: <https://goo.gl/ueoES7>. Acesso em: 16 jan. 2018.

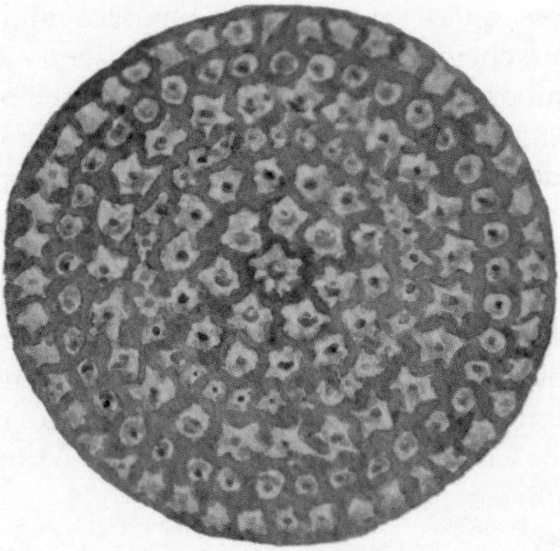

O escritório de Gisela tem uma vista privilegiada para a Ponte Estaiada, na zona sul de São Paulo. Nossa conversa foi rápida – menos pela pressão da agenda que pela lucidez e segurança desta inspiradora executiva. A seguir os melhores trechos.

Exatas Eu sempre gostei muito de esportes e já quis ser professora de Educação Física, mas aqui no Brasil algumas profissões acabam sendo diminuídas no sentido financeiro. Como eu sempre gostei muito de matemática e de números, fui fazer Economia. Entrei em uma consultoria, quando comecei a trabalhar, e, depois de um tempo, veio uma oportunidade para a indústria química, sempre do lado financeiro. Por isso, eu diria que a indústria química me escolheu, não escolhi a indústria química.

Exclusiva Eu passei quase seis anos sendo a única mulher em um departamento cheio de homens. Eu nunca senti nenhum preconceito. É importante a mulher aprender a ser colocar: se você é a única ali, você tem uma coisa que os outros não têm. O grande segredo é não bater de frente com a personalidade dos outros. Cada um tem o seu DNA. Eu tinha a vantagem de ser a única no meio de oito ou nove pessoas, então eu tinha algo diferente dos outros e foi aí que eu construí o meu pilar – pela forma diferente de olhar para alguns assuntos, o *feeling* para lidar com alguns problemas – menos racional, mais sentimental – e, com isso, eu era um ponto agregador no time. Ser a única mulher foi a minha grande vantagem competitiva em um departamento altamente masculino.

Barreiras no caminho A resiliência vem desse meu lado um pouco competitivo. Você se torna resiliente porque você não desiste fácil das coisas. As barreiras dependem muito de como você se coloca. Além de ser mulher, eu sou homossexual. Alguns amigos perguntavam: você já contou que é gay? E a minha posição é: você não precisa contar nada para ninguém. Se você está à vontade e se comporta como é e está bem com isso, dificilmente as pessoas não estarão bem com você. O medo sempre atrai aquilo que você mais teme. Por isso, eu sempre me coloquei à vontade com o fato de ser mulher e sempre explorei a vantagem, e não o contrário.

Ambição A questão da competividade ou da ambição pode ser perigosa pela forma como você lida com ela. Ambição virou uma palavra negativa, mas ela nada mais é que o desejo de conquistar algo. Se você dá o seu melhor para alcançar algo e o faz sem passar por cima de ninguém, com ética e sem machucar alguém, a ambição vira a sua lista de desejos, é aquilo que você quer e vai trabalhar para buscar, sem destruir o entorno. Nesse ponto, a mulher tem uma vantagem: pelo seu lado mãe, mais sentimental, a gente toma uns atalhos, faz desvios para se adaptar, ou para não machucar alguém com alguma situação e até a si mesmo. Eu acho que lido isso muito tranquilamente.

Objetivo Eu não tenho grandes ambições de ter um cargo específico x, y, z. Minha carreira sempre foi muito Tesouraria, Marketing, Produto. Hoje tenho uma função mais de negócios e amanhã não sei se será isso, RH, uma empresa brasileira, americana, alemã. Eu não penso muito no objetivo final, mas no momento. Se eu estiver feliz, se estiver dando certo, é o que importa.

Liderança Eu acho que nunca percebi ou desejei ser uma líder. Foi natural, à medida que as coisas foram acontecendo. Desde a infância, eu sempre fui uma criança muito ativa, até um pouco impaciente, e, em alguns momentos, competitiva. Isso foi natural na infância, fazendo natação e vôlei; depois, na faculdade de Economia, já que o mundo de finanças é mais masculino que feminino e você tem que se destacar mais. Essas características já existiam na minha personalidade e ajudaram essa liderança a se consolidar naturalmente.

Time Existem homens femininos, mulheres masculinas, mulheres femininas, homens masculinos. Tem um pouco de tudo. O grande segredo é entender o perfil de cada um, entender o momento de cada um.

Liderança: visão Para mim, ser líder é poder fazer aquilo que amo, influenciar as pessoas, extrair o que cada um tem de melhor no seu próprio DNA. Essa é a chave do sucesso. Nunca ser o que alguém quer que você seja.

Ativismo Eu comecei a participar quando estava no Financeiro, tinha oito homens e eu era a única mulher. Quando a empresa resolveu criar os grupos de afinidade, eu sempre participei e posso dizer que acompanhei da cadeirinha da frente toda a evolução. Uma das grandes armadilhas é não exagerar para não causar comentários de que alguém só foi promovido porque é mulher, negro, gay e afins. Há uma linha muito tênue entre o bem e o mal do grupo. Quando os homens começam a participar do grupo de mulheres, você percebe que está dando certo, porque há um interesse em comum. Eu acho que os grupos são necessários e nós temos a responsabilidade de dar o pontapé para acabar com a desigualdade. Nós temos mais de 50% da população mulher, mas no que diz respeito à força de trabalho e à diferença salarial há um abismo entre a mulher e o homem. Os grupos têm hoje a responsabilidade de, junto com as empresas, fazer com que a remada fique mais forte para acabar com a diferença.

Despertar Falta ainda acreditar. Muitas mulheres têm o potencial e ainda se escondem atrás das barreiras que existem, embora muitas dessas barreiras a gente mesmo coloque. Falta também uma consciência maior. Um grupo de mulheres não pode ser formado por mulheres, mas por homens também. Só assim a inclusão será genuína.

Reflexão Sentido. Não fazer o que estão pedindo para você ou o que todo mundo acha que é certo, ouça o que vem de dentro de você. Se vier de dentro, faz bem, é o seu propósito e você acredita, não tem receita que dê errado.

Responsabilidade Se você quer trabalhar no mundo corporativo, não dá para chegar de chinelo e bermuda. Alguns padrões mínimos têm que ser seguidos, mas ser quem você é hoje, em relação a vinte anos atrás, tem diferença, com certeza. Hoje ninguém mais tira o *piercing* para uma entrevista, as pessoas não escondem mais tatuagem. Se o mundo está totalmente mais inclusivo, há um ponto de interrogação, pois depende do ambiente. Algumas pessoas têm privilégios de trabalhar em empresas que valorizam e respeitam a inclusão, mas em outros ambientes, às vezes, fica mais difícil. Por isso, eu acho que as companhias têm a grande responsabilidade de alavancar essa inclusão. Quando a gente tem uma equipe, a gente quer diversidade de pensamento, de ideias, de culturas, de *background*. Se a gente coloca todo mundo igualzinho, vestido igualzinho, com a mesma formação, cria-se um grupo de pessoas igual, sem inovação ou grandes resultados.

Vida pessoal e profissional Eu vejo carreira como momentos. Todo mundo deveria querer parar para ter filhos – tanto o homem, quanto a mulher. O homem foi culturalmente formatado para ser um executivo de sucesso, enquanto as mulheres têm uma grande vantagem, podem ser uma executiva de sucesso e mãe. Obviamente tudo tem um preço. Eu estava no meio de um tratamento para engravidar quando tive a oportunidade de uma expatriação. Tanto para a empresa quanto para a minha formação, eu não conseguiria extrair 100% daquela oportunidade se eu estivesse em conflito. Eu estaria sempre entre a maternidade e o mundo profissional. Então, eu posterguei um objetivo pessoal em prol do profissional. Depois eu tive o meu momento mãe: eu já estava em um cargo de diretoria e eu me permiti não ser a melhor naqueles anos, eu me permiti ser mais mãe a ser a profissional imbatível. Só que eu estava bem e tranquila para isso.

Decisões da mulher As mulheres querem estar no mercado de trabalho e têm que ter consciência de que não é tão simples quanto parece. De algumas coisas têm que abrir mão. É sempre uma ponderação. Isso funciona bem a partir do momento que aquilo não te agride. Se alguma mulher disser que é super-heroína, eu quero conhecer, me dá o nome e sobrenome.

Choro Mulher chora, fica brava. Eu já chorei saindo do trabalho algumas vezes, por aquele ponto de não saber como lidar com família e trabalho, quando você percebe que o piano está mais pesado do que consegue carregar. Chorar funciona.

Inspiração "Tem um livro que não é de liderança, mas da minha adolescência – eu fiquei muito brava por ter que ler um livro daquela grossura para o vestibular –, e que já li umas cinco vezes. É *Grande Sertão: Veredas*, do Guimarães Rosa. Tem uma frase que ele fala o que a vida requer da gente é coragem e essa é uma frase que me marcou. Não adianta ler tudo, ver tudo, conhecer de tudo. Você tem que viver cada momento. Não adianta fazer uma coisa hoje imaginando o que estará fazendo daqui a cinco anos. Você tem que ter um planejamento, mas aquilo não pode virar sua ambição ou seu objetivo de vida, senão você perde o momento".

Coragem Eu ensino coragem para a minha filha, às vezes até demais. Tento fazer com que ela rompa os medos. Cada um tem o seu tempo, mas eu acredito que uma conversa, um empurrãozinho, para lidar com aquele monstro que está na sua frente ajuda.

MAIS SOBRE ELA

Qual é a sua formação?
Sou formada em Economia pela Northern Michigan University, nos Estados Unidos, e tenho MBA Executivo em Finanças pelo Insper São Paulo.

Que líderes a influenciaram?
Não tenho alguém específico, mas todos os líderes juntos ou um pouquinho de cada. Sempre procurei extrair o que cada líder tinha e que eu gostaria de ser assim. Tenho a capacidade de filtrar o que admirava em cada um deles.

O que é sucesso para você?
Ser feliz.

Como você lida com fracasso?
Não muito bem. Primeiro eu fico muito brava e depois eu faço aquilo virar um objetivo. Então, eu aceito o fracasso, tento analisar porque aquilo não deu certo, mas eu volto no começo e eu persigo até dar certo.

Qual é a melhor e a pior parte de ser líder?
A melhor parte é aprender e dividir um pouquinho do que você sabe. É essa coisa constante de chegar todo dia e não saber o que vai encontrar, tem sempre uma descoberta. É também poder fazer alguma coisa diferente na vida das pessoas. E a pior parte de ser líder é que, às vezes, você tem uma vontade enorme de mudar um monte de coisa, mas não depende de você. Essa é a parte frustrante. Você tem o poder, mas também não tem o poder.

Na velocidade do mundo hoje, como você se mantém atualizada?
Difícil. Eu divido um pouco entre mídia, literatura e, principalmente, amigos. Eu diria até que a minha cartela de amigos é diversa – desde jornalistas, professores, executivos. Eu aprendo um pouquinho com cada um deles. Se tentar ler tudo que acontece no mundo, é impossível.

Onde e como busca inspiração?
Na família, tentando aproveitar cada momento quando estou com eles.

A liderança feminina que inspira a todos é...
Única. É a liderança do DNA de cada um. Não existe uma só. Cada uma tem a sua e é isso que a torna superinteressante e bem diferente.

MARA GABRILLI

Mara Gabrilli representa como ninguém a força feminina de renovação. A jornalista Milly Lacombe afirma, na biografia da deputada federal, que ela "pode ter perdido os movimentos, mas certamente não perdeu a enorme capacidade de se mexer".[11]

Com lucidez política e social, sua liderança se dá em várias frentes, sempre com foco em ampliar a consciência coletiva, influenciando e engajando positivamente a sociedade. Publicitária, psicóloga e empreendedora social, Mara iniciou sua carreira política como vereadora na Câmara de São Paulo e é atualmente Deputada Federal pelo Estado.

Sua coragem é incontestável: ela supera desafios, na carreira e na vida, diariamente, e não tem vergonha de expor suas vulnerabilidades. Descobriu o poder da sua voz pelo forte compromisso que tem com os seus ideais. Foi assim quando, contrariando a família que temia pela sua segurança, colaborou com as investigações do esquema de corrupção envolvendo os serviços de transportes na cidade de Santo André. É assim que ela mantém sua luta contra a corrupção e promove outras causas para construir um país mais justo.

Somente em 2017,[12] Mara apresentou seis projetos de lei, onze requerimentos de informação ao Poder Executivo e 22 requerimentos para realização de seminários e audiências públicas, abordando temas importantes para a sociedade civil, como a ampliação de acesso a tratamentos para portadores de doenças raras.

É com humildade, transparência e força de vontade que Mara convoca seus colegas parlamentares a deixar a vaidade de lado[13] para pensar no futuro do Brasil. É com tenacidade e entusiasmo que ela vive para transformar a sua vida e o mundo onde vive.

11   LACOMBE, Milly. *Depois daquele dia*. São Paulo: Benvirá, 2013. [Arquivo Kindle]

12   MARA GABRILLI. Prestação de contas 2017 – Confira um resumo do trabalho da deputada Mara Gabrilli ao longo do ano. 19 dez. 2017. Disponível em: <https://goo.gl/ukbKWj>. Acesso em: 16 jan. 2018.

13   MARA GABRILLI. Combate à corrupção. 20 dez. 2017. Disponível em: <https://goo.gl/PBGLPr>. Acesso em: 16 jan. 2018.

A tecnologia foi o facilitador para que essa conversa com Mara acontecesse. Compartilho aqui os principais trechos.

Mulheres na política Mesmo com avanços, os partidos políticos ainda continuam redutos masculinos e a política ainda se mostra como um "jogo sujo". Infelizmente, o noticiário recente comprova muito disso. Acredito que isso desanime muitas mulheres a se filiarem a um partido – coisa obrigatória para ser candidatar a qualquer cargo eletivo. Hoje, por exemplo, já existe um número grande de lideranças femininas e elas não estão no Congresso. Estão em vários lugares e áreas de atuação. Sempre cito as mulheres de periferias, que lutam por inclusão de pessoas com deficiência, melhoria de escolas, entre outras demandas de suas comunidades. Isso mostra que o poder de liderança da mulher muitas vezes extrapola a posição em cargos públicos, o que é muito positivo. Enfim, quando as mulheres perceberem que há espaço na política para pessoas corretas e para boas ideias, a participação vai aumentar.

Militância Precisamos de mais mulheres como Ruth Cardoso, com uma história digna de militância intelectual e política, para inspirar as novas gerações a entrarem para a vida pública, que a gente sabe que não fácil. Isso seria, de fato, transformador. Para que isso aconteça, precisamos investir na conscientização da sociedade sobre a importância da participação na vida política. Trata-se de um movimento de conscientização e cidadania que vem ocorrendo nos últimos tempos. E não só dentro do cenário político, mas no cotidiano das pessoas. Ou seja, na raiz e essência da política de fato.

Sistema político Hoje já existe a reserva mínima de 30% das vagas de candidatos mulheres para cada partido, mas ainda não trouxemos essa porcentagem para dentro dos parlamentos de fato. A bancada feminina do Congresso Nacional tem cerca de 11% das cadeiras – 13 senadoras (16% das 81) e 51 deputadas federais (10% das 513). Não concordo com as cotas obrigatórias porque acredito que esse aumento deveria ser reflexo do empoderamento das mulheres na sociedade e a confiança depositada na competência e honestidade de cada uma pelo voto. E não é a reserva de vagas no Legislativo que tornará uma mulher apta ou não para desempenhar seu cargo. Muito menos garantirá apoio para que sua candidatura tenha força. Até porque os partidos ainda deixam muito a desejar no que tange o investimento em recursos de propaganda e formação política de mulheres. Então, por mais vagas que se criem dentro dos partidos, a disputa ainda é desigual.

Características femininas As mulheres carregam consigo virtudes que todo político deveria ter: sensibilidade e forte envolvimento com questões sociais, características que, para muitos homens, exigem um esforço maior para aflorar. E não quero dizer que não tenhamos homens sensíveis, mas a mulher está um passo à frente quando tem de fazer avaliações com o coração para resolver problemas que podem parecer insolúveis em uma gestão pública. Esse misto de habilidades e emoções mostra que a mulher realmente transpõe barreiras para fazer parte da vida pública.

Pessoas com Deficiência (PCDs) Com certeza, precisamos de mais acesso à educação. Infelizmente, as pessoas com deficiência ainda encontram uma dificuldade imensa para serem reconhecidas como alunos e terem todos os apoios necessários para seu desenvolvimento dentro de uma sala de aula. Isso acontece desde a educação básica e se perpetua no ensino superior. Agora imagine: se a pessoa não é reconhecida nem como aluno, como será reconhecida como profissional? Hoje o cenário é muito melhor – sobretudo pelos direitos que a Lei Brasileira de Inclusão (LBI) garante e que passou a considerar crime a cobrança a mais nas mensalidades motivada pela deficiência, além da proibição de recusa de matrícula. Estamos trabalhando para uma nova geração melhor preparada para o mercado de trabalho. Além disso, existem outras dificuldades, sobretudo pela falta de acessibilidade nas cidades, que impedem sua participação na cultura, no lazer, e em outros âmbitos. Toda essa vivência social também contribui muito para a formação da pessoa.

Acesso político Acredito que essa dificuldade não seja só da pessoa com deficiência, nem só da mulher. É difícil trabalhar políticas sociais e inclusivas para as ditas minorias no Brasil. Embora a pauta da pessoa com deficiência tenha ganhado muita força nos últimos anos no Congresso, ainda há uma certa resistência para fortalecer uma agenda positiva neste sentido em todos os âmbitos dos poderes. Isso porque falta diversidade em nossos representantes. Se você analisar nossos políticos hoje, encontrará muito mais padrão do que diferenças. Isso acaba nos deixando sem um olhar transversal em muitas ações que deveriam englobar não só as pessoas com deficiência, mas diversas outras camadas sociais, como as mulheres, os gays, os indígenas...

Realidade Quando sofri o acidente de carro que me deixou tetraplégica, em 1994, tive a oportunidade de me reabilitar nos Estados Unidos da América. Ao voltar ao Brasil, já na cadeira de rodas, me deparei com uma realidade muito difícil àqueles que, assim como eu, precisavam ir e vir. À época, não se falava em acessibilidade e inclusão em nenhum local. As pessoas com deficiência não saíam de casa, pois não existiam políticas públicas inclusivas. Foi desta forma que comecei a conhecer mais de perto a realidade de muitas pessoas que não tinham oportunidades. E foi desta forma que me tornei mais próxima ainda do universo da diversidade humana – antes do acidente eu já tinha certo contato. Posso dizer que ter quebrado o pescoço me fez enxergar um potencial para ajudar outras pessoas. Mais que isso, aflorou ainda mais um sentimento de querer produzir e realizar. E sem condicionar a minha felicidade à recuperação de meus movimentos.

Organização Não Governamental (ONG) Depois de um tempo que sofri o acidente, resolvi fundar uma ONG que apoiasse atletas com deficiência e angariasse pesquisas com células-tronco. Foi então que fundei o Projeto Próximo Passo (PPP), que hoje é o braço direito do Instituto Mara Gabrilli. Nesta época, eu realmente não pensava em me tornar política, muito menos imaginava que me tornaria uma liderança no segmento. Contudo, com o passar do tempo, batalhando na PPP, passei a viver de perto a dificuldade de várias pessoas com deficiência que não tinham a chance de ter dignidade. Não tinham acesso a transporte, calçada decente, não podiam estudar, trabalhar, não tinham acesso a nenhum tipo de política pública voltada às suas necessidades. Foi aí que, mesmo não envolvida na política, eu passei a buscar mudanças e acabei me tornando conhecida no meio. Posso dizer que a ONG foi o pontapé inicial para que eu me tornasse um ser político e com certa liderança para trabalhar pela melhoria da vida de um segmento que é gigante.

Carreira política Meu primeiro cargo público foi em 2005, quando assumi, a convite do José Serra, a Secretaria Especial da Pessoa com Deficiência e Mobilidade Reduzida, um órgão inédito no país e que teve extrema importância, tanto na minha vida quanto na de outras pessoas com deficiência. A Secretaria abriu caminho para a minha vida política e para que o segmento tivesse um representante. A partir daí a causa da pessoa com deficiência passou a fazer parte da minha vida e da sociedade brasileira de certa forma. Afinal, depois da Secretaria, outras gestões passaram a criar esta pasta dentro de seus órgãos públicos.

Liderança Acredito que todo ser humano tem a capacidade de aprender, mas nem todos tem a de ensinar. Para mim, um bom líder é aquele que acredita no potencial de cada um, que aposta nas diferenças e busca agregar, somar. É fazer e acontecer. Minha equipe é a extensão dos meus movimentos e dos meus pensamentos. E o trabalho que desenvolvemos só é possível porque cada um ali é diferente, cada um tem algo a agregar dentro de suas realidades humanas e sociais tão distintas. Acho que minha liderança se define por uma capacidade de enxergar valores e potenciais nas diferenças.

Ambição Não tenho nenhuma ambição como desejo ou ânsia de riqueza e poder, mas tenho muito aquela ambição de sonhar grande. Ambiciono recuperar meus movimentos e ver todo brasileiro com deficiência usufruindo de seus direitos. São apenas algumas de minhas ambições. O materialismo pouco me atrai.

Despertar das Alfas Falta uma sociedade menos sexista, que valorize mais as diferenças e potenciais de cada um.

Reflexão Costumo exercitar muito a empatia em meu dia a dia e no meu trabalho. Recomendo a todos ter como referência de atitude a forma como gostaria de ser tratado. Isso torna nosso olhar para o outro muito mais humano, seja qual for a situação.

MAIS SOBRE ELA

Qual é a sua formação?
Sou formada em Publicidade e Propaganda pela Escola Superior de Propaganda e Marketing (ESPM) e também em Psicologia pela Universidade Paulista (UNIP).

Que líderes a influenciaram?
Angela Merkel, Dorina Nowill, Jô Clemente, Clarisse Lispector.

O que é sucesso para você?
Sucesso é conseguir cumprir as etapas que a vida dispõe, com método, intensidade e dedicação. E no caso do trabalho parlamentar, esse estilo de trabalhar está impresso em toda a minha equipe.

Como você lida com fracasso?
Um fracasso aparente pode ser o precursor de um grande sucesso.

Qual é a melhor e a pior parte de ser líder?
A melhor parte de ser líder é a sensação de executar. A pior parte é a responsabilidade de não poder deixar de ser líder nem por um minuto.

Na velocidade do mundo hoje, como você se mantém atualizada?
Jornal, TV, rede social, WhatsApp...

Onde e como busca inspiração?
Minha maior inspiração é a água. Quando a da banheira não dá conta, preciso ir ao mar, nem que seja só para olhar.

A liderança feminina que inspira a todos é...
Aquela cuja vontade é melhorar a vida das pessoas. Afinal, quando a vida de alguém melhora, a humanidade dá um salto de qualidade.

MÁRCIA ROCHA

Eu conheci a Márcia Rocha pelo trabalho que realiza na Transempregos, que promove a empregabilidade de pessoas trans no mercado de trabalho. Impressionou-me sua visão prática e empática, que compreende e concilia as necessidades e dificuldades de empregados e empregadores, sem assistencialismo nem sensacionalismo. Seu discurso é genuíno, já que importa de si a coragem para ser quem é.

Márcia não esconde que nasceu em situação privilegiada, dentro de uma família abastada. Estudou nas melhores escolas e já rodou o mundo. Sua inteligência e cultura chamam a atenção, discorrendo com facilidade sobre qualquer assunto e traçando paralelos entre os mais variados temas, sem arrogância ou prepotência. Vive acelerada, equilibrando a vida familiar com os negócios. Empresária e advogada, viu-se sob os holofotes da imprensa quando a Ordem dos Advogados do Brasil (OAB) a transformou na primeira transexual autorizada a usar seu nome social. É isso mesmo, Márcia nasceu Marcos.

Como outras líderes Alfa, ela não usa sua história pessoal para impressionar e muito menos para se encaixar nos padrões da sociedade. É extremamente dedicada a uma causa muito feminina: cuidar das pessoas. É assim que luta pelos direitos humanos e pela valorização do talento, sem se preocupar em contar quantas barreiras está quebrando. É para isso que promove encontros, onde o respeito e o diálogo imperam. É assim que ajuda a transformar uma realidade triste, que suprime oportunidades de trabalho e a expectativa de vida de pessoas trans.

Às vésperas do Natal de 2017, Márcia me recebeu em sua casa para esta conversa. Relato aqui os trechos mais significativos.

Século XXI Eu vejo o século XXI como uma tentativa de consertar todas as tragédias horrorosas que aconteceram no século anterior, como a Primeira e a Segunda Guerra, a questão da mulher, a questão racial, a questão ambiental. É um processo lento, demorado e doloroso, mas que vem acontecendo e que, acho, será para melhor, mas depende de esforço, de luta, de vontade e de uma série de questões. Uma mulher que vive em um pequeno país da África, e que não tem direito a nada, liga a TV e vê que existe uma primeira-ministra na Alemanha e na Inglaterra, e no mínimo ela vai pensar: "Por que lá pode e aqui não?". Então, por conta da comunicação, principalmente da internet, muitos tabus e muitas "verdades" estão desmoronando. E eu vejo isso só aumentar e melhorar daqui para frente.

Estigmas Todo estigma vem do preconceito e todo preconceito vem da ignorância. Essa garotada de hoje tem acesso ao conhecimento, e a cabeça deles já é outra. Quando estiverem no poder, daqui a 40 anos, inevitavelmente o mundo vai ser outro. Antes se ocultava a diversidade – só se via em propaganda de televisão a família margarina, e não a de negros, LGBT, pessoas com deficiência. Hoje isso está mudando. Graças ao acesso à informação, a criança cresce convivendo com uma diversidade humana que é real, e entende que ser branco, heterossexual, etc. é apenas uma característica humana; existem muitas outras opções, inclusive sexuais, de desejos, de comportamentos etc.

Liderança Eu nunca pensei na minha condição de liderança. As coisas foram acontecendo. Eu sabia, sim, que eu tinha um conhecimento e um privilégio, e sentia que era algo necessário e que eu tinha que fazer. Eu sempre disse que essa coisa de projeção é uma bobagem. Lógico que fiz e estou fazendo algumas coisas que são legais, que ajudam pessoas, até dentro da Academia, com meus trabalhos e ideias, mas foi a vontade de fazer algo, e não de ter sucesso. Aliás, acho que só se obtém sucesso quando se foca no que é certo, e quem busca fazer as coisas para ganhar dinheiro acaba não dando certo.

Propósito Sou advogada e, em um momento da minha vida, vi uma injustiça muito grande acontecendo, por conta do preconceito, e disse: "eu posso fazer alguma coisa; então, vamos fazer o que é certo para os outros". Eu sou uma pessoa transexual com uma vida muito privilegiada, até por conta de ter ficado no armário, oculta, durante uma boa parte da minha vida. Meu ativismo começou no ambiente social, depois no Direito, nos empregos e por último na universidade. Acho que essa questão do que me move é tentar ver as coisas um pouco melhores; não sou nem um pouco hipócrita para falar que quero um mundo melhor para os meus netos, mas acho que fazer o que se pode é obrigação para todo mundo. Se você vir alguma coisa errada e você puder fazer algo, faça! Conserte aquilo, nem que seja no micro, nem que seja dentro de casa...

Quem eu sou Eu falo que tive muitos privilégios na minha vida, e o principal foi ter uma família muito boa, que pôde me proporcionar uma série de questões tanto em termos financeiros, quanto de vida. Meu pai era uma pessoa extremamente humana, que respeitava o outro e que o via como igual, fosse quem fosse. E acho que isso foi um grande legado. Eu também tenho um QI muito alto, o que ajudou bastante. Eu me lembro de pensar, com doze ou treze anos, que um dia usaria todos esses privilégios contra o sistema. Acho que isso ficou dentro de mim. Eu me lembro da minha ex-mulher perguntando por que eu lia tanto. Conscientemente ou não, estava me armando para isso, desde o início da minha adolescência. Aos quatorze anos, quando meu pai descobriu que eu era trans e falou "não conte", entendi que, naquele momento, teria que ficar oculta ou morreria durante o regime militar. Foi algo injusto que ficou ali e eu falei: "isso está errado". Quando surgiu a possibilidade, por conta das mudanças no mundo e de uma série de questões, eu falei: "eu vou". Eu tinha uma bagagem de vivências, de conhecimento teórico e do Direito muito grande, e eu usei isso! Tem uma coisa que é muito prejudicial para todas as minorias que é a pessoa não acreditar em si. Ela já acha que não vai conseguir. Então, isso foi uma lição de vida que tive para mim mesma: eu jamais imaginei que iria conseguir uma série de coisas na minha vida, mas, mesmo que você não acredite, tente! E de verdade!

Confiança Eu acredito em mim desde muito cedo, até por conta dos privilégios. Depois que eu me assumi trans, isso ficou muito em xeque, porque o mundo muda com a gente. De repente, uma pessoa que achava que você era inteligente e competente começa a te questionar: "você pirou, ficou louca, precisa se internar". Você deslegitima quem você é, parece que tudo o que você conseguiu desaparece. E quando as pessoas não te conhecem, pior ainda!

Medo do diferente Chega uma hora na vida que a gente tem que parar de se importar com que os outros pensam. Se você ficar se preocupando demais com isso, você não sai do lugar. Sempre vai ter alguém te criticando, te dizendo que você não é capaz... Isso eu aprendi e vejo no meu dia a dia. Você tem que ouvir as críticas, mas sem se deixar afetar, porque o interesse, muitas vezes, é te derrubar. A gente tem que entender isso, mas é uma coisa que vem com a maturidade.

Empatia Você não vai conseguir mudar as coisas com paternalismo. Eu divulguei uma vaga que exigia faculdade e, de preferência, que a pessoa falasse inglês e tivesse pós-graduação na área. Dias depois, uma trans me mandou uma mensagem dizendo: "você nunca vai achar alguém para uma vaga dessas". E eu disse: "já arrumei ontem; já foi contratada, inclusive". Isso me marcou muito quanto àquela questão da pessoa não acreditar que é possível, com a "transfobia" internalizada, achando que trans não pode. Então, eu acho que a empatia é fundamental, sem isso não teria nem surgido o Transempregos. Eu conheço uma pessoa que tinha doze anos de empresa pública concursada e foi mandada embora quando se assumiu. O chefe aceitou, mas o chefe acima do chefe não. Eu vivo com isso, com essas histórias, diariamente. São coisas que fazem com que você pense que isso está errado, que você sinta a dor do outro, que é a empatia, e vá atrás para tentar ajudar dentro das possibilidades, porque às vezes não tem o que se fazer. Infelizmente as injustiças existem, a gente se sensibiliza, mas não tem o que fazer. A gente tem que pensar no macro, e não no micro – pensar no todo e tentar ir mudando as coisas aos poucos.

Transempregos É uma ferramenta que está ajudando a mudar visões, principalmente dentro das empresas e, mudando dentro das empresas, ajuda a mudar na sociedade. Embora seja o foco do momento e aquilo que a gente está usando como ferramenta, eu gosto de pensar no todo: na questão da mulher, na questão racial, na questão da pessoa com deficiência, porque é toda uma estrutura que está errada e que se perpetua. Existe uma questão social muito grave, e não só no Brasil, mas no mundo inteiro, que precisa ser pensada. Nós temos um Congresso que não tem negros e conta com pouquíssimas mulheres; nas empresas, é a mesma coisa; então, eu acho que a questão trans é muito icônica para mostrar como o preconceito funciona. Hoje nós temos trans supercompetentes e bem-sucedidas mostrando isso.

Talento Uma das pessoas mais felizes que conheci na minha vida foi o motorista que meu pai teve, que mal sabia escrever. Ele contava que, quando era criança e morava na roça, via tratores e dizia que um dia queria poder dirigir um trator. Depois que foi para São Paulo e conseguiu tirar carteira de motorista, aquilo foi a coisa mais importante na vida dele e foi o que o fez ser feliz. Foi quem me criou, já que, quando foi trabalhar com meu pai, eu tinha um ano e, quando foi embora, meu pai já tinha morrido. Essa pessoa me fez ver o quanto ser talentoso e ser feliz não depende de dinheiro, não depende de inteligência e de cultura. Eu acho que ser talentoso é conseguir obter o sucesso que você precisa para sua vida, não o que os outros pensam. Não existe uma regra. A gente precisa parar de pensar que, para ser bem-sucedida, a pessoa precisa ser rica. Então, é uma questão de você fazer, dentro daquilo que você quer e das suas possibilidades e aptidões, o melhor possível; é buscar aquilo que para você é a vida mais correta, por caminhos melhores, que vão te trazer mais momentos bons que ruins.

Vítima Quem consegue fazer é quem não inventa desculpas. Eu cresci frequentando um acampamento onde, antes de começar a temporada, eles faziam uma festa e falavam uma frase que descobri depois ser de Confúcio, pensador e filósofo chinês: "mais vale acender uma vela na noite do que maldizer a escuridão". Uma vela não é nada perto da escuridão da noite, mas é melhor você acender uma velinha, por mais frágil que ela seja, do que ficar reclamando. Se você o fizer, você verá que há outras pessoas com uma vela na mão e você pode ajudar a acendê-las. Se todo mundo acender a vela, ilumina-se tudo. Isso era feito no acampamento, e duas mil crianças com velas acesas iluminavam até o telhado. Existe, então, uma simbologia muito forte: você não está sozinho e pode fazer alguma coisa. Não fique passivo, sentado e reclamando – isso não resolve nada.

Registro Pessoas técnicas de Direito estudaram, durante três anos, se seria possível fazer e como obter o registro da Ordem dos Advogados do Brasil (OAB) com o meu nome social. Lá atrás eu achei que não iria acontecer; mas, quando a coisa foi andando, eu comecei a acreditar. E, no fim, foi muito legal ter acontecido, principalmente porque mostra para a sociedade que a OAB, uma entidade extremamente técnica e conservadora, reconhece o direito da pessoa ser quem é. Isso é de uma simbologia enorme – muito além do que eu imaginava que iria acontecer. É o que eu digo: às vezes você pode até não acreditar, mas tente, o "não" você já tem.

Apoio da família Minha família nunca bateu palmas para mim. Eu tive um pai que me apoiou, porque não me botou na rua, o que já é uma grande coisa. Ele falava "esconda, não conte" e era para me proteger, mas também era por conta de uma série de coisas – da sociedade, do medo do preconceito, porque iria respingar nele também. Dentro da minha família, a única pessoa que me apoiou foi a minha filha. O primeiro apoio que eu tive, e que me levou a ajudar outras pessoas, foi de duas pessoas trans, em um clube secreto que existia. Essas pessoas me acolheram, me receberam, me levaram para um almoço e me explicaram que "você é assim por causa disso, disso, disso…". Então, por causa dessas duas pessoas que me acolheram, eu comecei a fazer a mesma coisa por outras, depois de um tempo. É como uma rede do bem, uma corrente do bem.

MAIS SOBRE ELA

Qual é a sua formação?
Sou advogada, formada pela Pontifícia Universidade Católica (PUC) e pós-graduada em Educação Sexual pela UNISAL (Centro Universitário Salesiano de São Paulo).

Que líderes a influenciaram?
Líderes que eu admirei e admiro: Gandhi e Mandela – mais o primeiro, uma pessoa que sempre seguiu a mesma linha, sempre pregou a mesma coisa e foi assim até morrer. Fui influenciada por muita gente – por bons e maus exemplos.

O que é sucesso para você?
Sucesso é trilhar um bom caminho para você, mesmo que ninguém saiba. Você fez aquilo que achava que tinha que fazer, do jeito que achava que deveria fazer, e tudo bem.

Como você lida com fracasso?
Fracassos na minha vida sempre foram combustíveis. Sou uma pessoa que não gosta de errar ou que as coisas deem errado. Também é um aprendizado e uma necessidade. Falando um pouco de filosofia, não existe a luz

sem a escuridão. E nós temos luz e sombra em todos nós.

Qual é a melhor e a pior parte de ser líder?

O budismo ensina que as intenções que nos movem são mais importantes do que as ações em si. Nesse sentido, se uma pessoa busca ser líder para ter projeção pessoal, poder ou simplesmente para mandar nos outros, está errada. O bom líder é aquele que se preocupa com os seguidores, com o todo e com o objetivo, mais do que com ele próprio, ao ponto de passar a liderança adiante na hora certa, sem mágoas. Ser líder é conduzir pessoas. Se isso traz a oportunidade de orientar e ajudar a crescer, também traz imensas responsabilidades, justamente pela mesma razão.

Na velocidade do mundo hoje, como você se mantém atualizada?

Eu leio jornal, todos os dias, tomando café. Também assisto ao noticiário – pelo menos dois.

Onde e como busca inspiração?

Eu leio bastante e adoro filmes. Às vezes, estou assistindo a um filme, paro e digo: "vou pensar". E internet – estou o tempo todo conectada, sempre vendo informações, trocando ideias, respeitando até aqueles com os quais eu não concordo nem um pouco. Eu não preciso concordar com o outro, mas respeitar que ele é diferente. E esse é um exercício muito difícil para todos os seres humanos.

A liderança feminina que inspira a todos é...

Aquela que funciona.

PATRÍCIA SANTOS

Patrícia Santos representa a beleza, a sensibilidade, a sagacidade e a imponência de uma geração disposta a colocar um fim na desigualdade e na injustiça. Ela queria ser médica, mas seu sonho foi desfeito pelo preconceito e discriminação que abalam boa parcela da população brasileira. Apaixonou-se pela Pedagogia e ingressou no mundo corporativo como estagiária de Recursos Humanos. Foi neste ambiente que aquele desejo de ajudar e curar pessoas ganhou nova forma.

Com doçura e firmeza, Patrícia escolheu ser uma líder que cutuca uma antiga ferida do brasileiro: o racismo velado da sociedade e do mercado de trabalho do nosso país. De acordo com o perfil social racial e de gênero das 500 maiores empresas,[14] traçado pelo BID e pelo Instituto Ethos, os negros ocupam apenas 4,7% do quadro executivo – 0,4% destes são mulheres.

Como? Patrícia fazia parte dessas estatísticas até usar o seu conhecimento e o seu talento para ampliar as oportunidades para profissionais negros. A iniciativa começou pequena, com uma palestra que reuniu 120 pessoas interessadas em saber como montar um currículo e como se comportar em uma entrevista. Dividiu-se em duas até que uma oportunidade surgiu e ela lançou mão da sua coragem para trocar a bem-sucedida carreira de executiva pela de empreendedora. Iniciou, então, a construção de uma consultoria especializada que alia seu propósito de promover justiça, as políticas e práticas de RH que aprendeu e uma linguagem e visão de negócios capaz convencer os milhares de cegos que ainda não enxergam a gravidade e os impactos da falta de diversidade ao seu redor. Para ela, o Brasil só será um país com oportunidades iguais quando as estatísticas do mundo corporativo refletirem o perfil socioeconômico brasileiro.

Apaixonada pelo que faz, Patrícia é uma líder intensa e inconformada tanto em casa quanto no trabalho. Com energia, entende como sua missão ancestral colaborar para a justiça e garantir para os seus quatro filhos um Brasil aberto aos seus sonhos.

14 EMPRESAS E RESPONSABILIDADE SOCIAL. Perfil social, racial e de gênero das 500 maiores empresas do Brasil e suas ações afirmativas. Disponível em: <https://goo.gl/YJJjq8>. Acesso em: 16 jan. 2018.

Nossa conversa aconteceu em um domingo, o que deixou ainda mais clara a vitalidade e liderança de Patrícia tanto para tratar de assuntos profissionais, quanto para cuidar dos quatro filhos pequenos. A seguir os melhores trechos.

EmpregueAfro Comecei a trabalhar na área de Recursos Humanos há dezessete anos, na TV Bandeirantes, como estagiária. Durante os processos seletivos, eu percebi que negros não apareciam para as entrevistas de empregos, fato que me angustiava muito, já que sou de família mestiça e sempre tive consciência racial e da questão de gênero, que vinham de berço. Meu pai tem a pele um pouco mais escura; minha mãe, mais clara; ele dizia que para nós, negros, era mais difícil; minha mãe, que era, para nós, mulheres. Então, quando comecei a trabalhar na área de RH, eu vi que seria a minha oportunidade de fazer justiça para o nosso povo. Paralelamente à minha formação universitária, eu passei a estudar, por conta própria, as razões pelas quais as pessoas negras não se candidatavam a processos seletivos e acabei identificando vários motivos. Decidida a fazer algo, comecei com uma ideia simples: ajudar as pessoas a montar currículos e a se comportar em uma entrevista. A EmpregueAfro surgiu inicialmente como um projeto social, já que minha ambição era ser executiva de RH. Durante sete anos, levei em paralelo com minha carreira corporativa. Até que, no fim de 2012, uma grande empresa pediu uma proposta de consultoria anual, porque eles queriam uma estratégia para treinar e desenvolver profissionais negros. Desde então, estou *full time* dedicada à EmpregueAfro.

Empreendedorismo A primeira coisa que eu fiz foi procurar o SEBRAE para saber o que eu tinha que fazer. Eu queria um CNPJ de consultoria, e não ONG, para que a questão do negro não fosse vista como assistencialista, mas como um trabalho estratégico que faz parte do negócio. Então, eu fiz todos os cursos do SEBRAE, investi toda a minha rescisão na EmpregueAfro e segui a "cartilha básica de empreendedor". Já sabendo que não conseguiria me sustentar com o único cliente que tinha, comecei a pensar em como levar a temática para outras empresas.

Aprendizado Durante um bom tempo me questionei se tinha feito a coisa certa ao largar o emprego seguro para construir uma consultoria que passasse credibilidade. Deu muito frio na barriga! Em termos pessoais, o que mais aprendi nesses últimos cinco anos foi a importância do planejamento. Depois, o posicionamento de mercado, já que percebi que algumas parcerias, que pareceriam lógicas, não poderiam ser feitas por não terem o mesmo propósito. Além disso, a importância da gestão do tempo, da disciplina e da organização. Hoje eu trabalho muito mais como empreendedora do que quando empregada com carteira assinada.

O valor do esforço Como eu amo muito o que eu faço, todo o sacrifício envolvido vale muito mais a pena. Consegui juntar duas coisas que gosto: políticas, práticas e procedimentos de RH (recrutamento, seleção, treinamento e desenvolvimento – quatro pilares que amo de paixão) com a questão étnico-racial, que entendo como minha missão pessoal, de promover justiça para o nosso povo. Além disso, eu já consegui desenvolver uma linguagem corporativa adequada para falar com as empresas sobre a importância estratégica de se contratar negros. Cinco anos depois, estamos em um momento de expansão do negócio, pelo qual esperei muito.

Olhar A partir do meu trabalho, minha visão sobre a questão étnico-racial não mudou, mas a que eu tinha sobre o mundo corporativo, sim. Hoje temos mais pessoas brancas conscientes da importância de empregar negros, situação que tem mudado a cada dia. Existem mais pessoas que compram a questão da contratação como uma missão pessoal, às vezes arriscando as próprias carreiras para tentar convencer a diretoria sobre a importância de se ter mais negros. Eu imaginei que a revolução viria dos poucos profissionais negros já empregados em altos cargos; mas o fato é que ela está acontecendo com as pessoas brancas, que se posicionam e estendem a mão.

Desigualdade entre negros e brancos nas empresas As razões para isso são, em primeiro lugar, o *gap* histórico, de formação educacional, resultado de quase quatro séculos de escravidão. A geração anterior à minha buscou essa reparação histórica através das cotas nas faculdades, e ajudou muitos jovens, nos últimos dez anos, a terem uma formação e um lugar no mercado de trabalho. Em segundo lugar, ainda não existe uma autoestima formada para querer estar nas grandes empresas e multinacionais. Muitas pessoas negras acham que "isso não é para a gente".

Empoderamento A nova geração negra Z é mais empoderada e já chega sem essa barreira do "senso de pertencer". De dois anos para cá, tenho visto crescer um movimento chamado Black Money, que começou nos Estados Unidos, pelo qual a população negra é estimulada a comprar produtos de empresas que tenham negros na propaganda, e comprar de vendedores negros e de afro-empreendedores, isto é, de empresas que têm negros como donos. Esse movimento tem estimulado as pessoas a pensarem sobre o poder econômico que nós temos, já que somos 55% da população economicamente ativa e 54% da nova classe média. Outro aspecto importante foi a decisão da ONU de decretar o Ano Internacional do Afrodescendente, em 2011, e a Década Internacional de Afrodescendentes, de 2015 a 2024 – iniciativas que têm reverberado muito no mundo corporativo. Assim, acredito que em dez anos já teremos uma estatística mais próxima daquilo que seria o ideal – aliás, esse é o nosso direcionamento na EmpregueAfro.

Liderança A construção da minha confiança profissional se deu a partir das etapas da minha vida. Quando eu tinha dezesseis anos, eu queria fazer Medicina, e meu pai me disse que aquilo não era para mim, já que não existiam médicos negros. Essa vontade de ajudar veio da minha avó – era a ela a quem eu recorria quando queria fazer alguma coisa. Quando comecei a trabalhar na televisão, meu pai voltou a me desencorajar, com a ideia de que não havia jornalistas ou apresentadores negros. Ao longo do tempo, fui me apoiando em relacionamentos, em amigos. A construção social da minha identidade e a minha confiança foram se consolidando com base nas oportunidades de carreira que tive, mas foi muito difícil. Por ter tido uma infância e adolescência fragilizadas pelas opiniões contrárias dos meus pais, chorei escondida muitas vezes no banheiro. Também depois de um ou outro *feedback* negativo que recebia de meus líderes. Mais tarde, já com quatro filhos e o casamento dissolvido, em uma situação pessoal delicada, encontrei dois apoios fundamentais para a mulher que sou hoje: o emocional e psicológico, com minha terapeuta; e minha fé e espiritualidade, na figura de minha mãe de santo – duas mulheres que me fortalecem muito.

Mensagem aos filhos Começando pelo "o que você quer ser quando crescer", eu digo: você pode ser o que você quiser! Não há limites, porque hoje eles podem ver as referências, já existem diversos profissionais negros visíveis, até na TV. Se a minha geração Y é considerada insuportável, porque sempre tivemos um propósito, a dos meus filhos vai ser ainda mais, porque eles poderão escolher o que quiserem.

Conselhos a jovens profissionais Estudem muito, se especializem, entendam a estratégia do negócio e o mundo corporativo, e tenham uma ampla visão de negócios. Para a jovem negra, além disso, recomendaria desenvolver a resiliência para superar as situações de racismo que seguramente ela vai passar e que vão minar a sua ambição.

Racismo O racismo mata sonhos, mata a autoestima, mata a autoconfiança e mata os jovens – a maioria dos jovens assassinados no Brasil é de negros. Se eu tivesse ficado presa ao racismo, que era reproduzido na minha casa, eu também não teria aspirado a outras coisas – embora eu entenda e reconheça que alguns espaços somente se abriram para mim porque eu tenho a pele um pouco mais clara. Estamos vencendo as barreiras do racismo, mas ainda falta muito.

Oportunidade Para as empresas, o fato de não terem em seu quadro de funcionários e colaboradores profissionais negros está começando a incomodar – menos pela questão social e mais pelo viés econômico, da lucratividade, já que a população negra é majoritária quantitativa e economicamente. Sem negros nas equipes, aumentam os riscos de erros de comunicação e linguagem com uma vasta porcentagem da população. E o efeito da concorrência, que está dando espaço a profissionais negros, está forçando uma mudança no cenário corporativo.

Política de cotas Para mim foi muito positiva, já que fomentou uma discussão muito forte no país sobre a questão étnico-racial, que estava muito abafada e escondida. A geração anterior à minha tem dois grandes legados para a sociedade brasileira: um deles é a implantação das cotas; o outro é o estabelecimento do feriado da Consciência Negra – o Dia da Consciência Negra que virou o mês da Consciência Negra. Para furar a bolha, faltava isso – esse conhecimento das disparidades entre brancos e negros e da situação da população negra no Brasil, e esse sentimento de empatia e de incômodo, que está cada vez mais presente e crescente. Isso gera atitude e, consequentemente, mudanças.

Legado Venho pensado nisso recentemente: o quanto venho construindo um legado, o quanto isso é importante para as próximas gerações, o quanto as pessoas estão sendo impactadas ao me verem e ouvirem. Relatos que me chegam me mostram que me tornei uma pessoa que está levando a mensagem de que sim, é possível ter esperança. Fico muito feliz com o fato de que as pessoas começaram a entender o meu trabalho de proporcionar uma mudança na sociedade, depois de tanto tempo e esforço.

MAIS SOBRE ELA

Qual é a sua formação?
Eu fiz Pedagogia pela Faculdades Metropolitanas Unidas (FMU), com pós-graduação em Gestão de Pessoas pela Universidade de São Paulo (USP), e MBA em Administração na Trevisan Escola de Negócios.

Que líderes a influenciaram?
Tenho um grande ídolo, Oprah Winfrey, que teve origem humilde e se tornou pioneira e líder em diversas frentes. Também gosto, me inspiro e vejo com muito carinho Michelle Obama. No Brasil, Rachel Maia – a primeira CEO negra do país.

Que líder você admira?
Minha mãe e minha avó – sempre mulheres fortes, que foram conduzindo valores que, hoje, eu também represento.

O que é sucesso para você?
Gosto de uma frase da Michelle Obama: "sucesso é a diferença que fazemos na vida das pessoas". Se hoje eu me considero uma pessoa de sucesso é porque, sim, estou fazendo a diferença na vida de muita gente.

O que é fracasso?
Para mim, fracasso é erro. Fracassei muitas vezes, várias de minhas tentativas não deram certo, e fui aprendendo muito com isso, para não cair no mesmo erro. Encaro o fracasso como um aprendizado.

Qual é a melhor e a pior parte de ser líder?
A melhor parte é a influência na vida das pessoas. No meu caso, como uma líder negra, a responsabilidade dessa representatividade é a pior parte. A cobrança é muito maior, e a visibilidade que eu tenho me faz ficar com medo de errar, de que algo possa não sair como eu planejei.

Na velocidade do mundo hoje, como você se mantém informada?
Eu gosto de muito de ler, estou sempre conectada – é uma das vantagens de fazer parte da geração que conversa muito bem com a tecnologia. Sempre leio resumos de notícias, leio livros que tratam de gestão de pessoas, de temática de cunho comercial, de liderança, liderança feminina e empreendedorismo feminino.

Onde e como busca inspiração?
Meu dia a dia é uma inspiração. Tomar café todos os dias com meus quatro filhos, voltar à noite e conversar com eles sobre a rotina do dia, sobre como eles estão superando as barreiras – de acordo com a idade de cada um. Além disso, conversar com as pessoas que vão fazer entrevistas na EmpregueAfro e que conseguem uma oportunidade – isso é muito inspirador para mim. Isso me faz acreditar que eu estou no caminho.

Livros inspiradores sobre liderança e superação?
Indico o livro *O que é lugar de fala?*, da Djamila Ribeiro, ela mesma tem uma liderança inspiradora. Um filme marcante foi *12 anos de escravidão*, porque o que eu vi ali me remeteu às histórias que a minha avó me contava quando eu era criança.

A liderança feminina que inspira homens e mulheres é...
Holística, cuidadosa, porque nós mulheres temos um cuidado de sermos assertivas, e nosso instinto feminino proporciona essa visão holística, essa assertividade, esse cuidado.

TEKA VENDRAMINI

Teresa Cristina, a Teka, vive entre a roça e a selva de pedra. Cresceu em uma fazenda em Adamantina, São Paulo, até os onze anos, quando se mudou para Marília e, depois, São Paulo. Desde então, transita entre esses dois mundos, com a elegância e agilidade de um animal que remete à sua infância: a onça pintada.

Predador alfa, o terceiro maior felino do mundo mantém-se à espreita, observando e avaliando até encontrar o momento certo de dar o bote. Assim também é Teka, que chega discretamente em qualquer ambiente, com uma voz suave, movimentos leves e sorriso acolhedor. No seu tempo, ela analisa toda a situação e abocanha oportunidades, confiando na coragem do seu coração.

Teka é socióloga e virou fazendeira sem entender nada da criação de gado ou de gerenciamento de peões. Dedicou-se intensamente a conhecer esse universo e, em apenas dez anos, conseguiu imprimir nele seu jeito de ser. Foi eleita presidente do Núcleo Feminino do Agronegócio por dois anos, tornou-se conselheira da Fiesp e a primeira diretora executiva da Sociedade Rural Brasileira.

A ousadia de se reinventar abriu inesperadamente as porteiras do Brasil para Teka, que hoje roda o país para conversar com mulheres – de jovens universitárias a pequenas produtoras rurais do interior do Alagoas. Ao mesmo tempo em que compartilha sua experiência e os códigos do agronegócio, a onça pintada reafirma sua essência, redescobre sua nação e fomenta confiança na mulher brasileira. Ao convocá-las a ocuparem seus lugares, aqueles desenhados em seus sonhos, Teka destaca: mais rugidos serão ouvidos por aí.

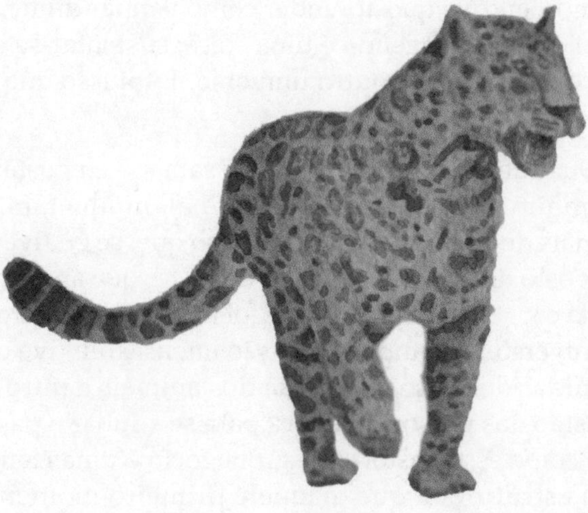

A conversa com Teka foi em São Paulo. Um jardim maravilhoso lembrou a fazenda e criou o cenário perfeito para aprender mais sobre liderança feminina no Agronegócio. A seguir, os principais trechos.

Socióloga e produtora rural Eu voltei para a roça há dez anos. Meu pai morreu há vinte anos e foi muito difícil chegar na fazenda para fazer uma divisão de sociedade com a minha família. É muito natural no meio rural que os homens administrem a propriedade, não há muita discussão. Quando a mulher herda, normalmente é o marido dela quem cuida, ou é o irmão. Há uns quinze anos eu questionei isso e fiquei com uma fazenda no estado de São Paulo. Ali eu começo a minha história. Nesses dez anos, eu tive que aprender como ganhar dinheiro, porque passar férias na fazenda é uma coisa; sustentar-se daquilo e fazer dinheiro é um outro universo. E foi isso que eu tive que aprender.

Descobertas Quando eu fui para lá, eu não sabia se eu gostava. Claro que tem um apego emocional – afinal, minha família viveu disso mais de 80 anos –, mas eu penso que, se eu tivesse herdado um posto de gasolina, eu também ia ter que aprender. E eu fui para lá com essa cabeça. Só que foi muito difícil, porque é um outro universo, as competências são imensas, eu tive que aprender a cuidar do pasto, a história dos animais dentro da fazenda, a gestão das pessoas, a época para se adubar o pasto, como o gado come esse pasto... O agronegócio é uma ciência hoje tão bem estruturada que, naquele primeiro momento, eu levei um susto. Só que eu sou uma pessoa que gosta muito de pedir ajuda, principalmente no que é mais estratégico. Uma grande sorte que eu tive foi arrumar um bom agrônomo e veterinários.

Universo desconhecido É uma solidão muito grande e você tem que ser muito resiliente, tem que acreditar naquilo. E eu tinha também que fazer dinheiro para me sustentar. Não tinha para onde correr. Foram anos e anos de persistência porque, embora pudesse contar com o agrônomo e os veterinários, eu também tinha que saber. Então, eu pegava meu carro, ia para Piracicaba e ficava dois ou três dias fazendo curso na Escola Superior de Agricultura Luiz de Queiroz (Esalq). No começo, eu nem sabia o que estava acontecendo, do que aquele povo estava falando. Lembro que no primeiro curso que fiz, eu pensei: chorar não adianta. Foi desesperador! Além da Esalq, eu descobri também que existe um órgão no Brasil que se chama Embrapa e que também ministra cursos gratuitos. Eu tenho um hábito, até hoje, de, em todos os lugares aonde vou, carregar um caderno e estou sempre estudando. Eu não era assim. Sabe um presente da vida? Nessa época, eu também fiquei sabendo que existia o Beef Point, que fazia *workshops*. Por dois anos eu não perdi um único curso e ali eu comecei a entender o que era o agronegócio.

O agronegócio É uma honra para mim, depois de dez anos, poder falar do agronegócio. Tem dois lados: o do poder, já que representa 21% do PIB, e o que mais eu gosto, o da sustentabilidade. Eu gosto de falar do cuidado com a fazenda. Eu não sou o Jeca Tatu nem o Rei do Gado. Eu estou em um meio que pensa muito em produzir com responsabilidade. É uma rede que cuida, que planta, que busca boas práticas para lidar com os animais, que têm que ser bem tratados e respeitados.

A representatividade da mulher Nós somos muitas no Agronegócio. Somente em 2017, eu fiz quinze encontros de mulheres e estive em outros grupos. Recebi convites de universidades: fui à Unesp, à Universidade Federal do Tocantins, à Universidade Federal de Goiás e já marquei, para 2018 na Universidade Federal do Paraná. Eu percebi que são as mulheres que me chamam, não é o reitor. São as meninas que veem que existe uma fazendeira, que vive do agronegócio, que começou a trabalhar há apenas dez anos. Por isso, eu considero que esse ano foi uma revolução da mulher no Agro, de grupos se formando. Isso está acontecendo no Brasil inteiro, o momento do agronegócio está chamando as mulheres e as fazendo sair da toca também. Começou com uma Teka e existem outras, muitas outras por aí. É uma corrente imensa.

Mensagem para as mulheres Eu sou essa mulher que começou no agronegócio há dez anos, que não tinha formação na área, e passo para essas mulheres e moças a possibilidade de viver e trabalhar no Agro. Eu as inspiro de alguma maneira. O que eu passo para elas é: venha, porque o caminho é possível; venha, porque a gente consegue.

Novas lentes para o mesmo Brasil A gente tem na vida histórias reais de inspiração. Depois de um encontro que fiz em Alagoas, uma neta da Ilza Porto deixou uns livros no meu hotel. São livros de família, bem gastos, uma verdadeira relíquia. Eu me inspirei demais, me emocionei demais com a história dessa mulher, nordestina criada com as irmãs em um orfanato, com uma solidão imensa. Ela se tornou uma grande escritora, com vários pseudônimos, já que nunca pôde usar o próprio nome. Mas, de alguma maneira, ela fez o que queria. A neta me contou uma história em que, um dia, o marido virou para Ilza e fez elogios à mulher que escrevia no jornal, enfrentando os políticos. Ela estava tão cansada que só disse: sou eu. O marido enfartou, não morreu, mas enfartou. Quando você escuta uma história dessas, você se dá conta de que não está fazendo nada. Eu estou redescobrindo não só as mulheres do Agro, mas um Brasil que eu tenho vontade de ir e de viver, que eu aprendi nos livros e agora está muito próximo de mim.

A Sociedade Rural Brasileira Quando recebi o convite eu me preocupei, porque tenho o hábito de, onde estiver, dar o meu melhor, e pensei: será que eu vou conseguir? Na conversa com o futuro presidente, ele soltou a frase: "você sabe que você será a primeira mulher a ter um cargo executivo em 98 anos?". Eu não sabia e aí, pronto, aquele negócio já era meu. Aqueles homens queriam uma mulher e o que estou fazendo agora é devolver isso para a Sociedade Rural Brasileira ao ser uma diretora que tem uma voz atuante e que trabalha sério. Eu agarrei o núcleo de pecuária e chamei gente boa para estar comigo: grandes produtores rurais; também os pequenos, que têm a capacidade de fazer muito em pouco espaço; e pesquisadores. Eles, assim como eu, têm a oportunidade de integrar uma casa de quase cem anos, com 27 conselheiros, que são ex-presidentes ou diretores de grandes empresas. Alguns tiveram um papel muito importante, como Ministros da Agricultura. Eles me receberam muito bem e, de novo, estou fazendo escola.

Espaço para a mulher As grandes instituições já perceberam que a mulher tem que estar perto. Há uma dificuldade muito grande para uma veterinária ou agrônoma em conseguir emprego na fazenda; tanto que acredito que é por isso que as meninas estão me chamando para ir às universidades. A grande pergunta é: como chegar?

Desvendando o agronegócio Eu acho que ainda há poucas referências no agronegócio, principalmente para o tamanho do Brasil. Às vezes, eu estou em palestras com 40, 200, 500, até 1000 mulheres, dependendo do lugar, e eu digo: eu sou igualzinha a vocês. O que eu acho que falta é segurança. Eu tenho uma história, todas nós temos histórias, só precisa ter mais segurança para caminhar.

A tecnologia A mulher ama a tecnologia e sai na frente. Tem uma história de uma mulher de Goiás que ficou viúva e teve que cuidar de uma fazenda grudada na do pai. Ela começou a fazer inseminação no gado quando ninguém fazia. O pai e os vizinhos só observavam e, depois que dava certo, copiavam. A mulher tem isso: é a grande aplicadora de tecnologia.

Quebrando tabus Eu sou humana como qualquer um. Eu tive muitos momentos de fragilidade, muita insegurança. Esse caminho, é óbvio, não foi fácil. Eu entrei em cada buraco e fiquei dentro dele dias, uma semana ou um mês. Eu acho que o que tenho de diferente é que eu chego lá no fundo, bato o pé e subo de novo. Eu tenho essa força de voltar. E volto!

Rotina A primeira prática de uma produtora rural é estar presente. O seu funcionário tem que te ver ali, participando com ele do negócio.

Olhos do dono Com certeza, os olhos do dono engordam o gado, fazem o pão da padaria, fazem tudo. Quando eu chego, eu pego os funcionários e faço uma ronda pela fazenda – uma parte de carro, outra a cavalo. A vida na fazenda começa muito cedo – às 7 horas já se começa a trabalhar. E eu sou a mulher que, às 7 horas da manhã já está lá fora. Eu não me dou o direito de dormir até às 8 horas.

Liderança Eu estou descobrindo essa liderança. Eu tenho essa fragilidade, às vezes. Quando eu chego nos lugares, ou estou aqui com você, eu me sinto muito honrada. Quando eu vejo as mulheres me esperando chegar, eu me pergunto o que eu ainda tenho para falar para elas. Só que, então, eu me lembro de tudo que vivi. É tanta coisa que eu me esqueço do caminho que fui trilhando. Eu tenho essa conexão com as mulheres do Brasil, que me mandam tantas mensagens que me inspiram. Tem uma história de uma mulher de 50 anos do Estado de São Paulo que virou para mim e falou: "você disse que a gente pode ser o que quiser, e eu criei força e me matriculei na faculdade que queria fazer. Estou superfeliz, já estou no segundo semestre". Ficou aqui dentro. Eu vejo que tenho um trabalho para fazer e eu adoro trabalhar, estudar e estar com essas mulheres. Eu tenho um trabalho a fazer: de ser autêntica, de ser eu mesma, porque todo mundo conhece o outro pelo olho. Se eu não for crível, as coisas não vão entrar.

Infância na fazenda Eu me lembro de uma frase do meu avô: "eu só tenho medo da pintada". Ele falava da onça, que existia muito no Mato Grosso. Eu cresci com essa coisa na minha cabeça. Nesses últimos anos, eu, assim como todo mundo, estou tentando sobreviver a tudo, superar as dificuldades. Um dia, lendo uma revista, descobri que a pintada é um dos únicos animais que caça dentro d'água. Eu comecei a rir, lembrei-me do meu avô e, naquele momento, eu me dei conta: eu sou a pintada. Eu sou a onça, que pega pelo pé, resolve a situação. A onça deita, acalma-se e dá o bote – um bote bom. Essa vida dentro da fazenda me ensinou muito e levo isso para mim até no dia a dia. Eu sei esperar para dar o bote.

MAIS SOBRE ELA

Qual é a sua formação?
Sociologia, na Fundação Escola de Sociologia e Política (FESPSP).

Que líderes a influenciaram?
Meu avô e meu pai. Hoje eu carrego tantos comigo, muitas são essas mulheres que tenho contato pelo Brasil, que vivem e sobrevivem com tão pouco, em um pedacinho de terra, plantando e cuidando dos filhos. E tem outros grandes nomes, como Nelson Mandela, Maria Callas e Angela Merkel.

O que é sucesso para você?
Sucesso é quando eu consigo dormir, é ter tranquilidade, é ter a vida em harmonia, é fazer o que você quer, é viver o que você acredita. A maturidade dá essa percepção de sucesso.

Como você lida com fracasso?
Eu aprendi a lidar com o fracasso. Eu tenho algo que é muito meu: é reconhecer que algo não é para mim, é uma aceitação. É um mecanismo de superação. Eu levo essas marcas, mas não me derrubam, não.

Qual é a melhor e a pior parte de ser líder?
A mais difícil é que eu me cobro muito. Ser essa líder me dá uma responsabilidade muito grande. Eu estive em Alagoas e é um outro perfil de mulher, diferente de Minas Gerais ou Goiás. Então, como conversar com essa mulher, como chegar nela, como ter um discurso para que elas venham falar comigo, porque quem ganha sou eu. A melhor parte é o que estou levando delas comigo. Tem poucas coisas na

vida da qual a gente tem orgulho e a honra de fazer parte: eu tenho isso hoje, ao lado dessas mulheres.

Na velocidade do mundo hoje, como você se mantém atualizada?
Eu faço uma seleção muito grande – mais do que me informar, o que eu quero é ouvir. Estou sempre conectada nos noticiários e pela internet.

Onde e como busca inspiração?
Eu vivo com uma simplicidade tão grande que eu me inspiro com o dia a dia. Eu tenho a oportunidade de viver essa grande cidade e tudo que acontece aqui, ou nesses lugares que passo pelo Brasil, mas também de morar dentro de uma fazenda.

A liderança feminina que inspira a todos é...
A de verdade, é a que tem coragem. Falo sempre nos encontros de mulheres: nós podemos ser tudo – agregadoras, resilientes, participativas –, mas, sem coragem, nada sai do lugar. Coragem de exercer a liderança e ser quem se é.

VALÉRIA SCARANCE

É inevitável não sair impactado de um encontro com a promotora de Justiça Valéria Scarance. Ela exerce uma liderança natural, capaz de inspirar ao mesmo tempo e incitar quem está ao seu redor a ajustar suas lentes para enxergar o mundo com mais humanidade.

Especializada em Gênero e Enfrentamento à Violência contra a Mulher, Valéria é testemunha de histórias fortes e perturbadoras e as utiliza como insumo para ampliar a consciência e, principalmente, a empatia da sociedade. É a líder que constrói pontes em vez de muros, por olhar as vítimas com humidade e compaixão em vez de distanciamento e frieza.

O universo feminino, com suas vantagens e desvantagens, é comum a Valéria, já se questionou se estava apta a um desafio e já se sentiu pressionada a investir menos nos estudos e na carreira. Como toda mulher, sentiu dores e alegrias. Como toda líder, fez escolhas.

Com traços delicados, uma voz suave e um olhar firme, Valéria articula as palavras com maestria e assertividade, sem soar impositiva ou ameaçadora. Como toda líder, aprendeu a dosar cada experiência vivida e descobriu seu poder de influência e realização ao longo do caminho.

Foi assim que ela se tornou coordenadora do Núcleo de Gênero do Ministério Público, primeira secretária-executiva do Grupo de Atuação Especial de Enfrentamento à Violência Doméstica e Familiar (GEVID), professora de Processo Penal da Pontifícia Universidade Católica, de São Paulo, e autora do livro *Lei Maria da Penha: o processo penal no caminho da efetividade*.

Inspirada pelos valores plantados pelos pais, lança mão da sua determinação e dedicação para projetar sua causa, não a si mesma. O sucesso para ela é ajudar a transformar uma realidade que pune mais a vítima que o criminoso, que rouba a vida da mulher e destrói famílias, que aniquila silenciosamente a dignidade individual e coletiva. Os vinte anos de promotoria já roubaram o sono de Valéria, mas mantém intacta sua capacidade de sonhar, de colaborar, de se emocionar, de realizar e de viver.

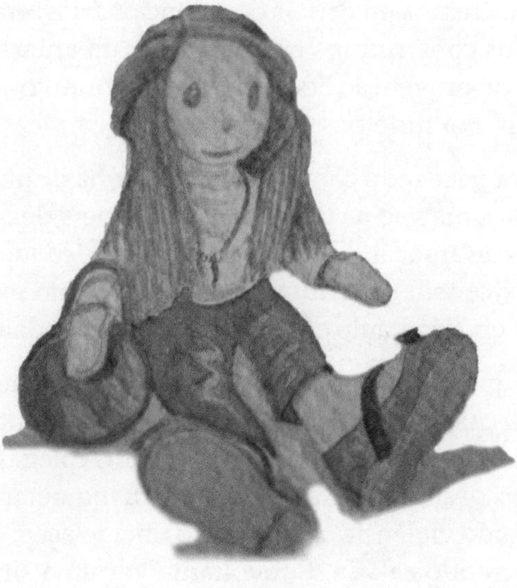

Em um sábado ensolarado, Valéria me recebeu na sua casa, sob a vigilância da gata Kate. Seu exemplo e as histórias que compartilhou serviram como reflexão para o resto do dia. Você entenderá o porquê.

Carreira Eu sempre gostei muito de trabalhar com Direitos Humanos. Vem da minha formação familiar o desejo de usar a profissão para fazer diferença. Estava em um momento de vida complexo quando um colega me chamou para assumir a Coordenação de um Núcleo que, na época, era de Violência Doméstica. Eu questionei se era o momento adequado. Meu pai foi quem me disse: nós não podemos recusar os desafios. Quando comecei, éramos eu e mais dois funcionários, em uma sala pequena. Nós construímos tudo do zero: da atuação criminal com olhar de prevenção ao trabalho colaborativo com as assistentes sociais. Foi tudo passo a passo.

Inovação Eu ficava pensando como construir a linha de atuação. Quando fui tomar uma vacina trivalente, tive a ideia de que seriam três os focos de atuação – vítima, agressor, sociedade. Hoje o Ministério Público tem uma atuação bem forte, com mais de vinte promotores em São Paulo e vários projetos em andamento.

Especialização O que me fez estudar essa área foi um caso em que atuei quando cheguei em São Paulo. Eu precisava entender o que acontecia e isso me permitiu, com apoio dos colegas e das assistentes sociais, desenvolver esse trabalho. É inquietante ver uma pessoa sofrendo violência e retomando uma relação; ou ver uma mulher morrendo calada. É revoltante ver uma situação em que ela não consegue ajuda.

Realidade Eu não acho essas realidades tão diferentes da minha. Todas as mulheres no nosso país sofrem alguma forma de violência. Nenhuma pode dizer que nunca sofreu um assédio, uma discriminação, uma violência moral. Então, eu não me vejo tão distante delas; sinto empatia porque sei o que uma mulher passa para conseguir um emprego ou quando é assediada na rua. Eu não vejo as vítimas como pessoas distantes, mas como mulheres que não tiveram a sorte de fazer uma boa escolha. São pessoas absolutamente iguais a mim.

Impacto O promotor criminal trabalha com muitas situações difíceis. Quando trabalhei em Carapicuíba, nós enfrentamos ataque do PCC, ameaça de bomba e muitas outras situações estressantes. Sabe o que a violência contra a mulher tem de diferente? Ela atinge pessoas iguais a nós. São mulheres iguais a nós, os feminicidas são homens iguais aos que convivem com a gente e isso gera uma sensação de desconfiança e insegurança que mexe muito com a gente. Além disso, a violência contra mulher é progressiva. É diferente da que ocorre na rua, que acontece e termina. A violência contra a mulher é um estado de relacionamento, é um modo de se relacionar, que não tem limites, que atinge contornos inimagináveis. São histórias muito tristes. Eu nunca fiquei sem dormir até trabalhar nessa área. Por vezes, eu fico tão chocada que isso efetivamente me tira o sono e o apetite. Teve um processo tão grave que eu dirigi, por mais de uma hora, a esmo, para retomar meu equilíbrio.

Desafio A maior dificuldade que nós temos hoje nessa área é mudar o olhar das pessoas, porque a sociedade, a família, os juízes, alguns promotores, muita gente banaliza a violência contra a mulher, vendo-a como um crime de segunda categoria que não merece muita atenção. As pessoas só percebem que a situação é grave quando tem o "efeito cadáver". Todas as ameaças e sofrimento são minimizados. Somente quando a mulher morre acredita-se que a violência era grave. Aí não tem mais o que fazer.

Motivação O que me motiva a continuar é a sensação de que eu posso fazer a diferença, posso transformar a vida dessas pessoas. Na verdade, qualquer pessoa pode fazer essa diferença e salvar quem vive uma situação com violência. Se você não olhar com preconceito e entender que essa é uma violência muito específica, em que a mulher se retrata quando corre perigo e que o autor desse crime é um homem, que você não pode julgá-lo pela forma como ele se comporta no trabalho ou com os amigos, se você simplesmente ouvir e orientar, você pode salvar uma pessoa. Eu já ouvi muitos depoimentos de mulheres que disseram que ninguém acreditava nelas. Se você acreditar e olhar diferente, você pode ajudar. É isso, então, que me motiva: a sensação de que eu posso fazer a diferença na vida dessas mulheres, desses homens, dessas famílias.

Dedicação Eu já investi uma quantia razoável em dinheiro para trabalhar. Quando eu fui Coordenadora Nacional, eu não tive apoio de ninguém. A instituição te dá passagem aérea e diária; o resto é por sua conta. Foi muito bom saber que isso produziu resultado. Quando olho a resistência que a gente ainda enfrenta, dá vontade, às vezes, de desistir. Nesses momentos, você pensa no caminho e persiste. É muito gratificante ouvir de alguém que você transformou sua vida.

Maria da Penha As leis são instrumentos que precisam ser usados, aplicados e compreendidos. A Lei Maria da Penha mudou a realidade do nosso país. Hoje as pessoas são capazes de reconhecer a violência e se indignar. É um marco, é uma das leis mais conhecidas do país e está entre as três melhores do mundo no combate à violência doméstica. Também exige uma mudança de entendimento, porque estamos lidando com pessoas muito semelhantes de nós. Há uma tendência das autoridades de identificação com o autor e não com a vítima do crime, que é vista como louca e é chamada de doente, enquanto o agressor é alguém que tem um discurso sem contradição. Se as pessoas não mudarem a forma de entender e de atuar nesses casos, a violência contra a mulher não diminuirá no nosso país.

Discurso e prática A Lei do Feminicídio é uma tendência mundial, é importante por pré-estabelecer uma pena mínima e reforçar que matar uma mulher por ser mulher é grave. Mesmo assim, milhares de pessoas se manifestaram pela revogação da lei. Veja a dificuldade que a gente enfrenta. Existe também uma distância muito grande entre o que as pessoas falam e fazem. Todo mundo diz que é contra a violência, mas quando acontece próximo, a mulher não tem apoio. O discurso é lindo, mas a prática ainda não está incorporada.

Novas lentes Já houve uma mudança de olhar e um destaque para a questão, mas é preciso esse olhar de empatia com a mulher e isso a maioria, mesmo os familiares, não tem. As pessoas não compreendem que a mulher se retrata porque não consegue reagir, porque a repetição da violência a torna incapaz de reagir, ainda que seja bem-sucedida. A impossibilidade de reação é chamada de Síndrome do Desamparo Aprendido, isto é, a repetição da violência provoca uma reação química no cérebro que faz com que a mulher não ofereça resistência. Exige-se de uma mulher fragilizada e doente, já que 70% das vítimas têm estresse pós-traumático e doenças crônicas, que ela seja acusadora do parceiro, não apresente contradições no depoimento e arrume testemunhas. Enquanto as pessoas tiverem esse olhar, as mulheres continuarão a morrer.

Tabu Hoje o meu maior desafio é desmistificar a violência e levar o conhecimento para as pessoas. Nós temos cartilhas e programas de orientação para passar informação correta sobre o perfil do autor da violência, a postura da vítima, os indicadores de risco, os limites a serem impostos em uma relação. As mulheres tendem a negar que sofrem violência. É difícil pensar que aquele homem bom com quem você se casou e teve seus filhos é violento. As outras pessoas só veem o lado bom dele e dizem para mulher que ela deve ter feito alguma coisa. Os autores de violência sempre negam o crime, enquanto as mulheres puxam para elas a responsabilidade.

Silenciosa A violência psicológica é a mais difícil de ser identificada, porque as pessoas entendem como carinho e cuidado. É muito importante dizer: uma mulher não escolhe um homem violento. Ele é um homem absolutamente comum, que não apresenta sinais de que é violento, é atencioso e carinhoso. Controla a mulher nas suas esferas de independência – família, amigos próximos, do trabalho, dos estudos ou das atividades regulares, a autoestima. A mulher não escolhe uma relação violenta, mas um parceiro, como qualquer outra, para construir a vida. Ela está em uma relação violenta porque ela está confusa e fragilizada.

Recuperação O homem que pratica a violência é recuperável. Os programas têm índices de reincidência de 0 a 2%. Se a gente consegue interferir em uma relação, a gente consegue mudar a história daquelas pessoas e dos filhos dessas mulheres.

O mundo hoje O mundo está mudando para melhor. Claro que toda vez que há um esforço para mudar, há também uma resistência por parte daqueles que não entendem. Para mim, isso é ausência de compreensão, de sensibilidade, de empatia. Se a gente conseguir mostrar para essas pessoas o que acontece de verdade, eu tenho certeza de que elas vão se engajar nessa e em tantas outras causas importantes para a sociedade.

Resiliência A gente é moldado na dor e vencendo desafios. Eu tive uma boa formação e o exemplo é fundamental. Meu pai e minha mãe são pessoas que vivem e viveram para fazer o bem. Essa força que hoje eu tenho é fruto de sofrimento, de luto, de dor, de desafios. Eu me transformei.

Liderança Hoje eu tenho consciência, mas demorou muito tempo. Era como se tivesse uma anorexia de autoconfiança – eu via o que não tinha. Aos poucos, eu fui mudando. A minha geração de mulheres não foi treinada para ser líder. Já ouvi muita crítica por trabalhar tanto, por querer fazer doutorado. Hoje eu percebo que eu enfrento mais resistência porque incomodo mais. Enquanto era uma mulher que ocupava menos espaço e que tinha menos força, eu tinha menos resistência. Eu já ouvi que tem muita gente que perde o próprio filho tentando salvar os outros. Então, nós somos moldados ao vencer as barreiras. Hoje as pessoas respeitam o trabalho, mas não foi fácil.

Objetivo Eu vejo minha liderança como um meio para atingir as pessoas, realizar o meu ideal de transformação e de conscientização. Não é algo que se encerra em mim, mas como um instrumento que posso usar. Eu nunca fui para a TV para falar de mim, essa é a primeira vez que conto a minha história.

O despertar feminino Nós, mulheres, somos muito críticas e somos avaliadas com mãos de ferro. Para o que dá errado a culpa é sempre da mulher. Basta ter apoio e oportunidade, além do entendimento de que as mulheres também precisam ter espaço. A mulher pode ser o que ela quiser – a bela, recatada e do lar; uma empresária; pode não ter filhos; pode se relacionar com outra mulher.

Limites Eu sou uma pessoa que não tem muitos preconceitos na vida, mas há um que não consigo vencer: sou incapaz de conviver com pessoas que julgam os outros, que tratam com diferença um funcionário, que colocam o foco nelas mesmas. Há tanta coisa boa a se fazer em vez de levar a vida toda só pensando em você, em bens materiais, em títulos etc.

Sonho Meus pais sempre falam que, às vezes, a gente tem o sonho de transformar o mundo, mas se você fizer a diferença na vida de uma pessoa, você já está transformando o mundo. Se todo mundo fizer a diferença na vida de um, a gente já muda a nossa realidade, a nossa história. Quando fico desanimada, é disso que eu me lembro.

MAIS SOBRE ELA

Qual é a sua formação?
Sou Mestra e Doutora em Direito Processual Penal pela Pontifícia Universidade Católica de São Paulo (PUC – SP). Fiz especialização em Vitimologia pela Inter-University Centre Dubrovnik, na Croácia.

Que líderes a influenciaram?
As duas pessoas que me influenciaram tanto em valores quanto em liderança foram meu pai e minha mãe. São duas pessoas incríveis: meu pai é um gênio do Direito, que compatibilizou a inteligência com a humildade; minha mãe, que é advogada, é muito versátil – faz tudo e muito bem. Eu fui moldada por eles, sou só uma cópia.

O que é sucesso para você?
Hoje eu posso dizer que vivo um momento de sucesso. Para mim, ele está na possibilidade de viver em harmonia com aquilo que você acredita e de entender que todas as dificuldades foram necessárias para ser o que é hoje. O segredo do sucesso é olhar para o futuro e entender que o passado é transformador. Ele cumpriu sua função. Eu sempre digo isso para outras mulheres: você não tem o dom de mudar o passado, mas você tem o dom de mudar a maneira como você vê o seu passado. Quando a pessoa vê o passado como um aprendizado e se liberta dele, ela se fortalece e é capaz de ajudar outras pessoas.

Como você lida com fracasso?
Eu não fujo da dor, nem jogo debaixo do tapete. Quem me conhece sabe que eu choro, fico brava, eu vivo meus momentos de tristeza, deixo passar e bola para a frente.

Qual é a melhor e a pior parte de ser líder?
A melhor parte é fazer diferença na vida das pessoas. Isso é absolutamente incrível. A pior parte é a cobrança, principalmente, sendo mulher. Como mulher, elas são muito grandes.

Na velocidade do mundo hoje, como você se mantém atualizada?
Como diria o meu filho, não está fácil, não. Basicamente pela internet. Eu tenho foco, porque quem quer saber de tudo não sabe de nada. Eu me mantenho bastante atualizada na minha área de atuação, nas questões ligadas à mulher, à igualdade e direitos humanos. É muito comum que eu saiba de uma pesquisa, mas não da fofoca da vez.

Onde e como busca inspiração?
A minha inspiração eu busco nas pessoas, no meu dia a dia e nos bons exemplos. Eu gosto muito de observar o ser humano e perceber como cada um tem algo especial. Eu me nutro desses pequenos momentos.

A liderança feminina que inspira a todos é...
Transformadora.

REFLEXÃO

Um caminho de descobertas

Escrever esse livro foi como dirigir por uma estrada sinuosa pela primeira vez. Cada curva trouxe uma surpresa, um encantamento, uma emoção não planejada. Ouso dizer que é isso que acontece quando saímos do modo automático e nos colocamos, com humildade, empatia e curiosidade, em frente ao outro. Quando usamos os cinco sentidos do ser humano, dispensando nossos pré-conceitos, colocamo-nos em um caminho de descobertas, onde enxergamos a nós e ao outro de forma diferente e, ao mesmo tempo, igual.

Foi isso que aconteceu em cada conversa. Nas histórias de diferentes mulheres, fica evidente a singularidade do ser humano e a multiplicidade da sua liderança. Profissionais com personalidades, experiências e atuações diferentes mostraram características em comum, como a autenticidade, a coragem, a criatividade, a humildade, a visão holística, a versatilidade, a paixão pelo que faz e a preocupação em construir um legado que beneficia não só a si, mas ao coletivo. Essas Alfas são exemplos de mulheres que usam a sua identidade e as suas crenças para transformar o mundo do qual fazem parte. Sua beleza não está na posição que ocupam, mas na coragem e na criatividade que empreenderam para superar as pedras do caminho.

Minha ambição, ao expor retratos tão diferentes, foi fazer com que você se identificasse e também se surpreendesse. Quis, acima de tudo, provocar em você uma reflexão sobre si e sobre o seu caminho. Em vez de buscar um mapa padronizado, construa um roteiro para você e tire o melhor proveito de cada experiência.

Para refletir sobre sua própria liderança ou o desenvolvimento dela, compartilho algumas das perguntas que fiz às Alfas. Responda livremente cada questão e não sinta vergonha de voltar a elas quantas vezes quiser. Como reforçado pelas líderes, faz parte do processo de amadurecimento de qualquer ser humano aperfeiçoar, (re)descobrir e, por que não, mudar nossa visão e o nosso mundo?

O que inspira você?
_____
_____
_____

Qual é o seu propósito?
_____
_____
_____

Por que você escolheu a sua área de atuação?
_____
_____
_____

Sua área de atuação está relacionada ao seu propósito?
_____
_____
_____

Quem te influencia?
_____
_____
_____

Quais são suas principais características?
_____
_____
_____

O que falta para realizar o seu mais alto potencial?
_____
_____
_____

Quem faz parte da sua rede de apoio e de desenvolvimento?
_____
_____
_____

O que é sucesso para você?
_____
_____
_____

Como você lida com fracasso?
_____
_____
_____

Você quer ser líder? Que líder você quer ser?
_____
_____
_____

Que legado você pretende deixar?
_____
_____
_____

INSPIRAÇÃO

Agora que você refletiu, quero compartilhar com você alguns pontos de inspiração. É assim que a gente amplia repertório, descobre, se descobre e aprende. Assim como as Alfas, você descobrirá, aos poucos, outras formas de se inspirar. Algumas delas estarão ligadas especificamente à sua área de atuação; outras, à sua rotina. O autoconhecimento amplia a visão do mundo do qual faz parte.

Para começar, que tal conhecer melhor o perfil e o trabalho das pessoas que contribuíram para a realização deste livro? São eles:

Ana Couto
- ana-couto-438337
- anacouto.com.br

Ana Fontes
- anafontesbr
- redemulherempreendedora.com.br

Ana Michaelis
- anamichaelis.com.br

Cristina Palmaka
- cristinapalmaka

Gisela Pinheiro
- gisela-pinheiro-029461a

Jürgen Paulus
- juergenpaulusdr

Lino Nader
- web.khanum.com.br

Mara Gabrilli
- maragabrilli.com.br

Márcia Rocha
- marciademais@yahoo.com
- transemprego.com.br

Marília Rocha
- marilia-rocha-1536008

Marta Lenci
- martalenci@hotmail.com

Patrícia Santos
- patriciasantosea
- empregueafro.com.br

Paula Jacomo Martins
- paula-jacomo-602a677

Teka Vendramini
- tcvendramini@gmail.com

Valéria Brandini
- valeriabrandini.com

Valeria Scarance
- valeriascarance.com.br

Compilei, também com ajuda das líderes e fontes que consultei, filmes, livros e outros conteúdos sobre liderança, empoderamento feminino, empreendedorismo, sucesso e outros temas.

PARA
LER

20 mulheres que fizeram acontecer em 2017

Lista[15] produzida pela Rede Mulher Empreendedora ressalta a trajetória de vinte mulheres, em diferentes campos de atuação.

A bússola do sucesso: um manual para vencer no mundo corporativo sem perder seus valores

Paollo Gallo, diretor de Recursos Humanos do Fórum Econômico Mundial, oferece pontos de reflexão, instrumentos e sugestões para uma carreira de sucesso.

A terceira medida do sucesso

Workaholic assumida, Arianna Huffington traz o sucesso para o centro da discussão, discutindo comportamentos e estratégias para, como ela, chegar ao topo.

As cientistas

Rachel Ignotofsky combinou seu talento em design gráfico com a sua paixão por histórias para inspirar outras mulheres. Recria nesse livro os feitos de 50 cientistas.

Better Together: 8 Ways Working with Women Leads to Extraordinary Products and Profits

Em inglês, o livro escrito pelo empreendedor Jonathan Sposato mostra que a equidade de gêneros pode garantir uma vantagem competitiva, se não a superação do concorrente.

Depois daquele dia

É o título da biografia de Mara Gabrilli. Escrito pela jornalista Milly Lacombe, o livro revela a história da deputada federal antes e depois do acidente de carro que a deixou tetraplégica.

Despertar: um guia para a espiritualidade sem religião

Formado em Stanford, o filósofo Sam Harris entrou para a lista de *best-sellers* mundiais com esse livro que desvenda a meditação.

---

15   REDE MULHER EMPREENDEDORA. 20 mulheres que fizeram acontecer em 2017. 13 dez. 2017. Disponível em: <https://goo.gl/V8Woq1>. Acesso em: 19 jan. 2018.

Dicionário mulheres de Alagoas ontem e hoje

Conheça mais sobre Ilza Espírito Santo Porto, na obra organizada por Edilma Acioli Bomfim e Enaura Quixabeira Rosa e Silva.

Empreendedoras por natureza

É o título do livro escrito por Ana Fontes, ao lado da também empreendedora Rosely Cruz. A obra traz as histórias dessas duas brasileiras Alfa.

Eu e tu

Esta obra foi considerada uma das mais importantes do século XX pela revista *Time*. Foi escrita pelo filósofo Martin Buber.

Extraordinárias: mulheres que revolucionaram o Brasil

Aryane Cararo e Duda Porto de Souza resgatam a história de mulheres, como Dandara e Maria da Penha, que transformaram o Brasil.

Faça acontecer: mulheres, trabalho e a vontade de liderar

Sheryl Sandberg, COO do Facebook, tornou-se uma das principais vozes do empoderamento feminino com esse livro.

Ganhar, gastar, investir: o livro do dinheiro para mulheres

Denise Damiani foi sócia e executiva das consultorias internacionais Accenture e Bain&Co e Vice-Presidente de Estratégia do Itaú Tecnologia e ensina, de uma forma bem didática, como tomar as rédeas das finanças.

Heroínas negras brasileiras

Jarid Arraes recria a história de quinze mulheres negras com uma linguagem muito brasileira: o cordel.

Lei Maria da Penha: o processo penal no caminho da efetividade

Escrito pela promotora Valéria Scarance, o livro busca ampliar a compreensão das pessoas sobre a lei e transformá-la em um instrumento capaz de modificar a realidade das pessoas submetidas à violência.

Liderança tóxica

A autora Alessandra Assada utiliza a neurociência para explicar os dois tipos de liderança: a contagiante e a contagiosa.

Memorial de Maria Moura

Clássico da literatura brasileira, já adaptado para a televisão, a obra de Rachel de Queiroz resgata vários períodos da história brasileira e escancara problemas ainda corriqueiros, como a herança da escravidão e o machismo.

Motivação 3.0

Escrito por Daniel Pink, este livro discorre sobre fatores motivacionais intrínsecos, responsáveis, de acordo com ele, pelos avanços do século XXI.

Mulheres: um século de transformações

Sob a curadoria da feminista, educadora social e coordenadora executiva da Rede de Desenvolvimento Humano (Redeh), o livro exibe a transformação da brasileira ao longo dos anos a partir de fotos e reportagens publicados no caderno ELA, do jornal *O Globo*. Traz também artigos inéditos assinados por mulheres com diferentes perfis.

Mulheres na jornada do herói

As autoras Cristina Balieiro e Beatriz Del Picchia aplicam o famoso conceito de Joseph Campbell na história de 40 mulheres. É um verdadeiro convite ao autoconhecimento.

O poder do agora

Escrito por Eckhart Tolle, este livro é um manual prático para desligar o automático, ampliar a consciência e viver o presente.

O que é lugar de fala?

A filósofa Djamila Ribeiro aborda a urgência pela quebra de silêncios instituídos pela perspectiva do feminismo negro.

O racismo explicado à minha filha

Inspirado nas perguntas feitas pela filha sobre um projeto de lei relacionado à imigração, o escritor marroquino Tahar Bem Jelloun aborda o preconceito criado pelos adultos.

Revolução decisiva

Peter Senge como negócios e comunidades podem contribuir para um mundo mais sustentável.

Rita Lee: uma autobiografia

A roqueira brasileira mantém seu estilo corajoso e irreverente, compartilhando bastidores e polêmicas da sua história.

Sejamos todos feministas

Escrito pela premiada Chimamanda Ngozi Adichie, este livro revigora o feminismo e mostra como o movimento pode libertar homens e mulheres. Pode ser baixado gratuitamente no *site* da Companhia das Letras ou no sites das livrarias.

Sexo e temperamento

A antropóloga cultural norte-americana Margaret Mead questiona os papéis que atribuímos a homens e mulheres ao resgatar a vida íntima de três povos primitivos.

Steve Jobs

Escrito por Walter Isaacson ex-editor da *Time* e diretor da CNN, que se especializou em biografias. Para reconstituir a trajetória do criador da Apple, ele se reuniu com Jobs mais de 40 vezes ao longo de dois anos, além de mais de 100 familiares, concorrentes, desafetos e colegas de trabalho.

Vidas muito boas: as vantagens do fracasso e a importância da imaginação

Baseado em discurso feito em Harvard em 2008, este livro traz a visão da escritora J.K.Rowling, autora de Harry Potter, sobre fracasso.

PARA ASSSISTIR

À procura da felicidade

Narra a jornada de resiliência de um pai com problemas financeiros. O filme, com Will Smith, inspira-se em uma história real, do empreendedor Chris Gardner.

As sufragistas

Filme de 2015 resgata as manifestações do início do século XX pelo direito ao voto no Reino Unido. Tem Meryl Streep, Carey Mulligan e Helena Bonham Carter no elenco.

Celebrating Crisis

Esse é o título da apresentação feita pela bióloga futurista Elisabet Sahtouris, na conferência TED de Hamburgo, na qual discorre sobre a evolução humana e seu futuro. Está disponível no YouTube.[16]

Como nossos pais

Dirigido por Laís Bodanzky, o filme retrata a mulher que se divide em vários papéis: profissional, mãe, filha, esposa e amante.

Emma Watson

Quando proferiu um discurso na Assembleia Geral da Organização das Nações Unidas, a jovem atriz liderou um dos movimentos mais importantes de solidariedade mundial em apoio aos direitos das mulheres e à plena igualdade entre mulheres e homens. Em inglês, no canal da ONU no YouTube.[17]

Estrelas além do tempo

Narra a trajetória das matemáticas Katherine Johnson, Dorothy Vaughan e Mary Jackson na NASA, e os desafios que enfrentaram e sua contribuição para a corrida espacial.

---

16 YOUTUBE. TEDxHamburg - Elisabet Sahtouris - "Celebrating Crisis". Disponível em: <https://goo.gl/WZwZv1>. Acesso em: 19 jan. 2018.

17 YOUTUBE. Emma Watson at the HeForShe Campaign 2014 - Official UN Video. Disponível em: <https://goo.gl/dpHmA4>. Acesso em: 30 jan. 2018.

Frida

Com Salma Hayek no papel principal, o filme revela toda paixão que consumia o trabalho e a vida da pintora mexicana Frida Kahlo.

Gênio indomável

Filme de 1997 mostra a importância de se confrontar questões internas para aproveitar e desenvolver o seu potencial. Com Matt Damon e Robin Williams.

Joy

O filme conta a história da americana Joy Mongano, empreendedora, separada e mãe de dois filhos.

Matrix

Esse *blockbuster* de 1999 rompeu vários paradigmas. Seu olhar sobre a construção da rede é um dos pontos a serem observados.

O diabo veste prada

Com personagens caricatas, o filme coloca em discussão as escolhas que homens e mulheres devem fazer na carreira e na vida.

O poder dos introvertidos

Susan Cain prova que as pessoas quietas são capazes de grandes conquistas. Além estudos, ela se baseia em exemplos reais. Também disponível em livro. No YouTube ou direto no canal do TED.[18]

Preciosa

Ganhador de dois Oscars, este filme narra a virada na vida da garota negra Precious, após desenvolver resiliência e determinação e superar a infância de abusos.

Precisamos falar com os homens?

Documentário, disponível no canal da ONU Mulheres no YouTube,[19] reforça a importância de incluir os homens no diálogo sobre os direitos das mulheres.

---

18   TED. Susan Cain: O poder dos introvertidos. Disponível em: <https://goo.gl/5oQ6qh>. Acesso em: 30 jan. 2018.

19   YOUTUBE. Do We Need to Talk to Men. Disponível em: <https://goo.gl/L5TLSZ>. Acesso em: 30 jan. 2018.

Steve Jobs em Stanford

No discurso que fez em 2012, o criador da Apple revela como construiu sua trajetória e a sua própria visão de sucesso. Disponível no YouTube, com legendas.[20]

TED – Precisamos romper com os silêncios

Na edição paulistana da conferência,[21] a filósofa Djamila Ribeiro aborda o silêncio da sociedade frente às desigualdades.

TED – Todos Devemos Ser Feministas

Além de escrever um livro, Chimamanda Ngozi Adichie falou em uma conferência TED[22] que ocorreu em Londres em 2012. Com histórias pessoais, ela ressignifica o termo feminista.

Um senhor estagiário

Explora o encontro de gerações no mercado de trabalho, quando uma jovem CEO contrata um executivo aposentado como seu estagiário.

Uma repórter em apuros

Coloca Tina Fey em um papel dramático, baseado em história real. Ao ser designada para cobrir o Afeganistão, ela tem que lidar com os dilemas femininos.

Uma secretária de futuro

Clássico dos anos 80 sobre a ascensão de uma secretária, que confia no seu potencial e na sua intuição para atrair mais negócios para empresa onde trabalha.

---

20   YOUTUBE. Steve Jobs Discurso Stanford Completo e Legendado. Disponível em: <https://goo.gl/BynHdz>. Acesso em: 30 jan. 2018.

21   YOUTUBE. Precisamos rompre com os silêncios | Djamila Ribeiro | TEDxSaoPauloSalon. Disponível em: <https://goo.gl/A9D4Vh>. Acesso em: 30 jan. 2018.

22   YOUTUBE. Nós Deveríamos Todos Ser Feministas Chimamanda Ngozi Adichie para TEDxEuston. Disponível em: <https://goo.gl/MRyW9Z>. Acesso em: 30 jan. 2018.

PARA ACOMPANHAR

Amy Poehler's Smart Girls

Iniciativa da comediante americana para fomentar a identidade, enfatizando a inteligência e a imaginação.

🌐 amysmartgirls.com

Canal Meio

Criada pelo jornalista Pedro Doria, essa *newsletter* chega de segunda a sexta-feira ao seu *e-mail* com uma seleção de notícias do Brasil e do mundo. É gratuita e uma boa forma de se manter atualizada sobre diversos assuntos.

🌐 canalmeio.com.br

Follow Women

Siga as mulheres é o nome do projeto da polonesa Nadia Linek, que retrata de ícones femininos a toda e qualquer mulher que a inspire.

🌐 nadialinekwomen.myportfolio.com

Mulheres na Computação

A empreendedora Camila Achutti, das *start-ups* Ponte21 e Mastertech, criou um espaço com informações e vagas de emprego em tecnologia.

🌐 mulheresnacomputacao.com

Thrive Global

Criado por Arianna Huffington, do Huffington Post, esse portal propaga o crescimento sustentável do indivíduo como forma de inibir a epidemia do burnout. Em inglês e gratuito.

🌐 thriveglobal.com

REFERÊNCIAS

AMY POEHLER'S SMART GIRLS. Disponível em: <https://amysmartgirls.com>. Acesso em: 19 jan. 2018.

ANA COUTO. Disponível em: <http://www.anacouto.com.br>. Acesso em: 19 jan. 2018.

ANA MICHAELIS. Disponível em: <http://www.anamichaelis.com.br>. Acesso em: 19 jan. 2018.

BANCO INTERAMERICANO DE DESENVOLVIMENTO (BID); INSTITUTO ETHOS DE EMPRESAS E RESPONSABILIDADE SOCIAL. Perfil social, racial e de gênero das 500 maiores empresas do Brasil e suas ações afirmativas. Disponível em: <https://goo.gl/YJJjq8>. Acesso em: 16 jan. 2018.

BELLONI, Luiza. 61% dos LGBTs do país escondem sua orientação no trabalho. Exame, 04 fev. 2016. Disponível em: <https://goo.gl/ueoES7>. Acesso em: 16 jan. 2018.

BRASIL. Lei nº 13.146, de 6 de Julho de 2015. Disponível em: <https://goo.gl/HPzNqK>. Acesso em: 16 jan. 2018.

CANAL MEIO. Disponível em: <https://www.canalmeio.com.br>. Acesso em: 19 jan. 2018.

DESJARDINS, Jeff. What Happens in an Internet Minute in 2017? Visual Capitalist. 02 ago. 2017. Disponível em: <https://goo.gl/P1kAYw>. Acesso em: 16 jan. 2017.

EMPREGUEAFRO. Disponível em: <http://www.empregueafro.com.br>. Acesso em: 19 jan. 2018.

FOLLOW WOMEN. Disponível em: <https://nadialinekwomen.myportfolio.com>. Acesso em: 19 jan. 2018.

G1. Quanto mais a mulher estuda, mais sofre diferenças salariais, diz FGV. 27 nov. 2017. Disponível em: <https://goo.gl/7ywmsp>. Acesso em: 16 jan. 2018.

GOVERNO DO BRASIL. Conheça as principais lutas e conquistas das mulheres. 09 mar. 2017 Disponível em: <https://goo.gl/B1sppf>. Acesso em: 16 jan. 2018.

HISTÓRIA DIGITAL. 25 conquistas das mulheres no Brasil. 17 mar. 2012. Disponível em: <https://goo.gl/j1SL9M>. Acesso em: 16 jan. 2018.

IDG NOW! Especial: conheça mulheres inspiradoras da área de TI. 08 mar. 2017. Disponível em: <https://goo.gl/oqeXoH>. Acesso em: 16 jan. 2018.

LACOMBE, Milly. *Depois daquele dia*. São Paulo: Benvirá, 2013.

LINKEDIN. Ana Couto. Disponível em: <https://www.linkedin.com/in/ana-couto-438337/>. Acesso em: 19 jan. 2018.

LINKEDIN. Ana Fontes. Disponível em: <https://www.linkedin.com/in/anafontesbr/>. Acesso em: 19 jan. 2018.

LINKEDIN. Cristina Palmaka. Disponível em: <https://www.linkedin.com/in/cristinapalmaka/>. Acesso em: 19 jan. 2018.

LINKEDIN. Gisela Pinheiro. Disponível em: https://www.linkedin.com/in/gisela-pinheiro029461a/>. Acesso em: 19 jan. 2018.

LINKEDIN. Jürgen Paulus. Disponível em: <https://www.linkedin.com/in/juergenpaulusdr/>. Acesso em: 19 jan. 2018.

LINKEDIN. Marília Rocha. Disponível em: <https://www.linkedin.com/in/marilia-rocha1536008/>. Acesso em: 19 jan. 2018.

LINKEDIN. Patrícia Santos. Disponível em: <https://www.linkedin.com/in/patriciasantosea/>. Acesso em: 19 jan. 2018.

LINKEDIN. Paula Jacomo Martins. Disponível em: <https://www.linkedin.com/in/paula-jacomo-602a677/>. Acesso em: 19 jan. 2018.

LINO NADER. Disponível em: <http://web.khanum.com.br>. Acesso em: 19 jan. 2018.

MARA GABRILLI. Combate à corrupção. 20 dez. 2017. Disponível em: <https://goo.gl/PBGLPr>. Acesso em: 16 jan. 2018.

MARA GABRILLI. Disponível em: <http://maragabrilli.com.br>. Acesso em: 19 jan. 2018.

MARA GABRILLI. Prestação de contas 2017 – Confira um resumo do trabalho da deputada Mara Gabrilli ao longo do ano. 19 dez. 2017. Disponível em: <https://goo.gl/ukbKWj>. Acesso em: 16 jan. 2018.

MODELI, Laís. Quem foi a primeira mulher a governar o Brasil. BBC, 10 dez. 2017. Disponível em: <https://goo.gl/Hi2mbD>. Acesso em: 16 jan. 2018.

MULHERES NA COMPUTAÇÃO. Disponível em: <https://mulheresnacomputacao.com>. Acesso em: 19 jan. 2018.

ONU MULHERES. Empresas. Disponível em: <https://goo.gl/wXx4HB>. Acesso em: 16 jan. 2018.

ONU MULHERES BRASIL; REDE BRASILEIRA DO PACTO GLOBAL. Princípios de empoderamento das mulheres. Disponível em: <https://goo.gl/Q1x7UH>. Acesso em: 29 jan. 2018.

PRAGMATISMO POLÍTICO. A histórias das mulheres brasileiras que foram à luta por seus direitos. 08 mar. 2017. Disponível em: <https://goo.gl/yUQqmu>. Acesso em: 16 jan. 2018.

REDE MULHER EMPREENDEDORA. 20 mulheres que fizeram acontecer em 2017. 13 dez. 2017. Disponível em: <https://goo.gl/V8Woq1>. Acesso em: 19 jan. 2018.

REDE MULHER EMPREENDENDORA. Disponível em: <http://www.redemulherempreendedora.com.br>. Acesso em: 19 jan. 2018.

ROCHA, Camilo; SOUZA, Ibrahim Cesar; OSTETTI, Vitória. As datas de grandes conquistas femininas no Brasil. NEXO Jornal, 08 mar. 2017. Disponível em: <https://goo.gl/UjKQVG>. Acesso em: 16 jan. 2018.

SARASWATI, Swami Dayananda. *O valor dos valores*. Rio de Janeiro: Vidya-Mandir Editorial,1998.

TED. Susan Cain: O poder dos introvertidos. Disponível em: <https://goo.gl/5oQ6qh>. Acesso em: 30 jan. 2018.

THRIVE GLOBAL. Disponível em: <https://www.thriveglobal.com>. Acesso em: 19 jan. 2018.

TOMAZELA, José Maria. Zuleika, a pioneira da promotoria. *O Estado de S.Paulo,* 10 maio 2009. Disponível em: <https://goo.gl/2Bnn7Q>. Acesso em: 16 jan. 2018.

TRANSEMPREGO. Disponível em: <http://transemprego.com.br>. Acesso em: 19 jan. 2018.

VALÉRIA BRANDINI. Disponível em: <http://valeriabrandini.com>. Acesso em: 19 jan. 2018.

VALÉRIA SCARANCE. Disponível em: <http://www.valeriascarance.com.br>. Acesso em: 19 jan. 2018.

WIKIPÉDIA. A. Disponível em: <https://goo.gl/rdqXQ7>. Acesso em: 16 jan. 2018.

WORLD ECONOMIC FORUM. The Future of Jobs. Disponível em: <https://goo.gl/ZCh9Bs>. Acesso em: 16 jan. 2018.

WORLD ECONOMIC FORUM. The Global Gender Gap Report 2017. 2 nov. 2017. Disponível em: <https://goo.gl/j3R9WJ>. Acesso em: 16 jan. 2018.

YOUTUBE. Do We Need to Talk to Men. Disponível em: <https://goo.gl/L5TLSZ>. Acesso em: 30 jan. 2018.

YOUTUBE. Emma Watson at the HeForShe Campaign 2014 - Official UN Video. Disponível em: <https://goo.gl/dpHmA4>. Acesso em: 30 jan. 2018.

YOUTUBE. Nós Deveríamos Todos Ser Feministas Chimamanda Ngozi Adichie para TEDxEuston. Disponível em: <https://goo.gl/MRyW9Z>. Acesso em: 30 jan. 2018.

YOUTUBE. Precisamos rompre com os silêncios | Djamila Ribeiro | TEDxSaoPauloSalon. Disponível em: <https://goo.gl/A9D4Vh>. Acesso em: 30 jan. 2018.

YOUTUBE. Steve Jobs Discurso Stanford Completo e Legendado. Disponível em: <https://goo.gl/BynHdz>. Acesso em: 30 jan. 2018.

YOUTUBE. TEDxHamburg - Elisabet Sahtouris - "Celebrating Crisis". Disponível em: <https://goo.gl/WZwZv1>. Acesso em: 19 jan. 2018.

Grupo
Editorial
LETRAMENTO